Ursula Pfistermeister
Geschmiedet

Wetterfahne auf einem Scheunendach
in Atzmannsricht/Amberg

OBERPFÄLZER KOSTBARKEITEN

Herausgegeben von Adolf J. Eichenseer
Bezirksheimatpfleger der Oberpfalz

Detail aus dem Abschlußgitter in der Schulkirche Amberg, von J. F. Eberhard, 1699

Ursula Pfistermeister

Geschmiedet

Eisen in der Oberpfalz

Verlag Friedrich Pustet
Regensburg

Umschlagmotiv: Detail aus dem Abschlußgitter der ehem. Benediktinerklosterkirche Michelfeld, 18. Jh.

Fotos von Ursula Pfistermeister
Zeichnungen von Gertrud Ullmann

CIP-Kurztitelaufnahme der Deutschen Bibliothek

Pfistermeister, Ursula:
Geschmiedet : Eisen in d. Oberpfalz / Ursula Pfister=
meister. [Fotos von Ursula Pfistermeister. Zeichn. von
Gertrud Ullmann] – Regensburg : Pustet, 1979.
(Oberpfälzer Kostbarkeiten)
ISBN 3-7917-0576-8

ISSN 0341-6011
ISBN 3-7917-0576-8

Gesamtherstellung: Friedrich Pustet Regensburg
Printed in Germany 1979

Inhalt

Der Schmid.

Fleiß und Emsigkeit, braucht zu rechter zeit.

Eisen in der Oberpfalz

Detail aus einem Schmiedeeisenkreuz
im Friedhof von Wiesent

Aus: Christoff Weigel: Abbildungen der Gemein-Nützlichen Haupt-Stände . . ., Regensburg 1698 (Stadtbibliothek Nürnberg)

Die Oberpfalz ist altes Eisenland. Im Mittelalter war sie einer der größten Eisenproduzenten Europas; sie besitzt noch heute das einzige nennenswerte Eisenerzvorkommen Bayerns. Einige Jahrhunderte hindurch brachte die Eisenerzeugung, die zeitweise nahezu einem Viertel der Bevölkerung direkt oder indirekt Brot gab, Reichtum ins Land. Erste Schwierigkeiten ergaben sich aus dem enormen Holzverbrauch vor allem der Eisenhämmer. Doch kam es erst im 17. Jh. mit seinen dauernden Kriegsunruhen, den Hungersnöten und der Dezimierung der Bevölkerung auch in der Eisengewinnung und -verarbeitung zu jenem katastrophalen Niedergang, von dem sich das ganze Land, seine Wirtschaft und Kultur, vielleicht sogar die seelische Grundhaltung seiner Menschen, nur äußerst zögernd erholte.

Verbunden mit diesem schwerwiegenden Einbruch sind naturgemäß auch ein Substanzverlust an überkommener schmiedeeiserner Handwerkskunst und das Fehlen einer kontinuierlichen, das ganze Land umfassenden Stilentwicklung auf diesem Gebiet. Trotzdem ist die Oberpfalz, deren Eisenverarbeitung – im Gegensatz etwa zur Landschaft der steirischen Eisenwurzen mit ihrer Vielzahl von handwerklichen Kleinbetrieben – sich auch im Mittelalter vor allem auf die Produktion von Halbzeug, dem Rohmaterial des handwerklich arbeitenden Schmiedes konzentrierte, beglückend reich an Zeugnissen schmiedeeiserner Handwerkskunst.

Der Reichtum des Oberpfälzer Jura an oberflächlich anstehendem Raseneisenerz gab schon früh Anreiz zur Gewinnung und Verarbeitung von Eisen. Ausgedehnte Schürffelder mit sog. Trichtergruben und Ofenstellen wurden vor allem in der südwestlichen Oberpfalz um Kelheim, Riedenburg und Parsberg festgestellt. Sie weisen darauf hin, daß zumindest auf dem Michelsberg bei Kelheim – wo noch innerhalb des

Außenwalls der keltischen Höhensiedlung mehrere Schürffelder liegen – die Kelten von der Spätlatènezeit an derartige Eisenerze abbauten und Eisen erschmolzen.

Sicher ist, daß auch das ganze Mittelalter hindurch zunächst jene Erze abgebaut wurden, die mit verhältnismäßig geringem bergmännischen Aufwand gewonnen werden konnten. Im 15. Jh. z. B. kam noch immer mehr als die Hälfte allen Eisenerzes aus kleineren Gruben. Trotzdem verlagerte sich das Schwergewicht der Erzgewinnung in zunehmendem Maß auf das wichtigste und reichste Eisenerzvorkommen der Oberpfalz, auf die Lagerstätten im Raum Amberg-Sulzbach. Die hier bis zu 50 m mächtigen, in Tiefen bis zu 200 m hinabreichenden, z. T. auch zu Tage ausstreichenden Erzstöcke und -linsen konzentrieren sich auf eine verhältnismäßig schmale Grabenzone. Sie bildet in etwa die Fortsetzung jener nahezu geradlinig von Südosten nach Nordwesten verlaufenden Spalte, deren zum Teil riffartig ausgewitterte Quarzfüllung (= »Pfahl«) sich von der Grenze bei Passau bis an die Naab verfolgen läßt. In der tektonischen Schwächezone dieses sog. Amberg-Sulzbach-Auerbacher Störungssystems, kam es vor Beginn der Kreide, vor etwa 100 Millionen Jahren, durch Ausfällung von Eisenlösungen zur Bildung von Eisenoxyden (Brauneisenerz) und Eisenkarbonaten (Weißerz). Die nach der Erzbildung und der Ablagerung weiterer Kreidesedimente wieder auflebenden tektonischen Vorgänge führten durch Überlagerung von Schollen und Zerstückelung des ursprünglichen Erzkörpers zu der für dieses Eisenerzvorkommen typischen uneinheitlichen Form einzelner unterschiedlich mächtiger, großenteils langgestreckter Linsen. Der Eisengehalt der vorkommenden Erze liegt zwischen 30 und 50%.

Besonders beeindruckend sind die Förderleistungen im Gebiet Amberg-Sulzbach zur Zeit der Hochblüte der Oberpfälzer Eisengewinnung im 15./16. Jh., wo z. T. über 100000 t jährlich abgebaut wurden, vor allem wenn man die Härte der bergmännischen Arbeit bedenkt, die Schwierigkeiten, unter denen der Abbau erfolgte. Bis ins ausgehende Mittelalter war man nahezu ausschließlich auf die Kraft und Geschicklichkeit der »Bergknechte« angewiesen. Schlegel und Eisen, Keilhaue und Brechstange dienten als Werkzeug, für mulmiges Erz und weicheren Abraum auch Schaufel und Schabe. Die eisenhaltigeren derben Erze mußten daher oft »ausgehalten«, stehen gelassen werden. Vor Ort schaufelte man das Erz in Schubkarren, später auch in kleine, auf Holzschienen laufende Förderkarren, sog. Hunte. In Körben, Zubern und Eimern wurde es mit einem Seil, später mit Hilfe einer Handhaspel oder des Pferdegöpels, über Tage gebracht. Auch das Wasser wurde auf ähnliche Art gefördert, nachdem »Wasserknechte« es mit Eimern von Mann zu Mann weiterreichend zum Schacht gebracht hatten. Überhaupt war die Wasserhaltung eines der größten Probleme des schon an und für sich schwierigen Oberpfälzer Eisenerzbergbaues. Sie war so wichtig, daß Papst Pius II. auf Ersuchen der Sulzbacher im Jahre 1460 die kirchliche Erlaubnis erteilte, auch an Sonntagen jene Arbeiten durchzuführen, die nötig waren, um ein Absaufen der Gruben zu verhindern. Trotzdem mußten immer wieder einzelne Baue, die mindestens vom 14. Jh. an beachtliche Tiefen erreichten, nach Wasser- oder Schwimmsandeinbrüchen aufgegeben werden. Zwischen Amberg und Großenfalz wurden schon damals Teufen von 80, 90 m erreicht. Im 16. Jh. waren durch Oberpfälzer Bergrecht allgemein 50 Claffter (= 106 m) erlaubt, in einem Fall ist sogar ein Abbau in 100 Claffter Tiefe, also bei über 200 m bekannt.

9 Auffallenderweise wurde in der Oberpfalz etwa die Hälfte des gesam-

ten Erzbedarfs in den beiden großen Erzbergbaugebieten um Amberg und Sulzbach in einer Art Saisonbergbau gewonnen. Dabei förderte man in Abständen von 3–6 Jahren in einem sog. »Hauptwürken« mit Hilfe »ausländischer« Bergleute – in Amberg arbeiteten z. B. Bergleute aus Sulzbach oder aus dem Fichtelgebirge – und eigentlich berufsfremder Bauern den größten Teil des für die nächsten Jahre nötigen Erzes. Eine überlieferte Aufstellung für die Jahre 1595/96, in denen auf 11 Schachtanlagen in einer Arbeitszeit zwischen 41 und 57 Wochen 121 000 t Erz gefördert wurden, zeigt die große Zahl der bei einem »Hauptwürken« Beschäftigten. Es wurden genannt: 639 Bergleute für das Erzhauen, 210 Bergleute für Grubenbau und Wasserhaltung (einschließlich etwa 100 Roßbuben für die Göpelwerke), 65 Karrenläufer, 100 Handwerker (Gezähschmiede, Zimmerer, Stellmacher, Sattler u. a.), 20 Aufsichtsführende für Schrift- und Rechnungswesen, insgesamt also 1034 Mann. Auch die für die Göpelwerke nötigen Tiere, 1595/96 z. B. 172 Pferde, wurden nur für das »Hauptwürken« gemietet.

Aus welchen Gründen immer in der Oberpfalz dieses außergewöhnliche System angewandt wurde, es erforderte auf jeden Fall kurzfristig verhältnismäßig viel Kapital. So entstand schon 1464 in Amberg eine 44 Teilhabern gehörende »Gemain Gesellschaft des Eisenbergkwergks«, die mehr oder weniger von der Stadt kontrolliert wurde; im Jahr darauf als Gegengewicht die private Bergwerksgesellschaft der Familien Castner und Plech; in Sulzbach die »Gemeinschaft vom Hinteren Berg«. Die Tätigkeit dieser drei Gesellschaften, deren »Würken« in einem gewissen Turnus wechselten, hielt die Arbeitslosigkeit der »wandernden« Bergleute in gewissen Grenzen, wie überhaupt gerade in der Oberpfalz mit ihren z. T. landwirtschaftlich wenig ergiebigen

Böden Bergbau und Hammerwesen eine wichtige Erwerbsquelle waren. 1475 beschäftigte die Oberpfälzer Eisenerzeugung z. B. nahezu 12000 Menschen: neben den 750 Berg- und 1159 Hammerleuten auch 5180 Holzfäller und Köhler, 3254 Fuhrleute und Schiffer, 404 Handwerker, 606 Erdarbeiter.

Schon früh versuchten die beiden eigentlichen »Eisenstädte« Amberg und Sulzbach, von den Landesherren durch zahlreiche Privilegien gefördert, sich das Monopol für den sicher älteren, 1270 erstmals urkundlich genannten Erzabbau, wie für den Handel, zu sichern. Eine der wichtigsten Urkunden in diesem Zusammenhang ist der Freiheitsbrief vom 28. Juli 1350, in dem Pfalzgraf Rupprecht d. Ä. den Ambergern ausdrücklich ältere Rechte, Freiheiten und Gewohnheiten, »die sie auf dem Aerztberg zu Amberg haben« bestätigte und »den Bürgern zu Amberg die Gnad und Freiheit« gewährte, »daß sie Eisenarzt suchen mögen allenthalb in unserem Lande und in aller unser Herrschaft und Gebiet, wo sie wöllen oder wo es ihnen fügsam ist . . .«. Den Sulzbachern kam die Vorliebe Kaiser Karl IV. für ihren Ort zugute, da er nicht nur bestehende Schürfrechte bestätigte, sondern den Bürgern ähnliche Zollprivilegien zusicherte, wie sie den Ambergern schon 1326 bzw. 1336 gewährt worden waren.

Erste Einbrüche in dieses blühende Bergbauwesen brachten die Einfälle der Hussiten und die Religionswirren im Gefolge der Reformation, die manchen Andersdenkenden zur Abwanderung zwangen; einen grundlegenden Wandel der 30jährige Krieg, der die Oberpfalz besonders schonungslos heimsuchte. Die kleinen Gruben wurden stillgelegt. Und selbst die Stadt Amberg überließ 1629 ihren Erzberg Kurfürst Maximilian I. – als bayerischer Landesherr hatte er sich 1628 für einen verstärkten Erzabbau eingesetzt –, da sie sich außerstande

sah, das notwendige Kapital für ein »Würken« aufzubringen. In Sulzbach waren die Verhältnisse ähnlich.
Nur ganz allmählich kam es zu einer Besserung. Vor allem Kurfürst Max Emanuel versuchte zu Ende des 17. Jh.s das Bergwesen »sowohl in seinen Landen zu Baiern, als sonderlich in seinem Fürstentum der oberen Pfalz, wo es tunlich, wieder zu erheben«. Ähnliche Förderleistungen wie im Mittelalter – noch 1611 hatte man 136000 t Erz gewonnen – wurden jedoch erst wieder Ende des 19. Jh.s erreicht. Mittelpunkt der Oberpfälzer Eisenerzgewinnung blieben der Erzberg bei Amberg und die Sulzbach-Auerbacher Gruben.

Detail vom Ausleger des ehem. Gasthofs »Zur Traube« in Freystadt, Mitte 18. Jh.

Oberpfälzer Hammerwesen

Auch die Oberpfälzer Eisenerze, die Georg Agricola in seinem 1556 erschienenen Werk »De re metallica« als »vortrefflich« bezeichnete, mußten zunächst »sauber und rein« gemacht werden, wie es in den Statuten der Hammereinigung von 1583 heißt, ehe sie eingeschmolzen werden konnten. Sie wurden in der Regel noch auf der Grube gewaschen, »zerpocht«, »ausgeklaubt« und gesiebt. Erst dann konnte das Erz verhüttet, Eisen erschmolzen werden. Auf das Rösten zur chemischen Aufschließung von »unartigen«, d. h. unreinen Erzen, konnte man beim Amberg-Sulzbacher Eisenerz großenteils verzichten, da die Erze ohnehin schwefelarm sind und auch durch die lange Lagerung infolge des periodischen Abbaues eine gewisse Auslaugung eintrat.
Bei der ursprünglichsten Form mit Hilfe eines »Rennfeuers« schmiedbares Eisen zu gewinnen, wird in einer sog. Schmelzgrube Holzkohle und feingestoßenes, »gepochtes« Erz unter Luftzufuhr erhitzt. Auch in der Oberpfalz wurden derartige Eisenschmelzen auf Anhöhen errichtet, wo mit verhältnismäßig viel natürlichem Wind gerechnet werden konnte (= Zugofen). Möglicherweise wurde aber schon sehr früh künstlich Luft (= Wind) eingeblasen (= Windofen). Diese technisch einfache Methode, bei der man in einem Schmelzgang einen Roheisenkuchen, die sog. Luppe, bis zur Größe eines Brotlaibes erhielt, wurde übrigens bis ins hohe Mittelalter in den bäuerlichen Hausschmieden beibehalten, die nur etwa 1–2mal im Jahr für den eigenen Bedarf Eisen erschmolzen und zu einfachem Werkzeug weiterverarbeiteten.
Die im Urbar Herzog Ludwig d. Strengen von 1270 aufgeführten, noch sehr verstreut gelegenen Werke, die als »ignes« (= Feuer), »fabricae pedales« (= Trethütten), oder »hamer« und »malleus« (= Hammer) bezeichnet werden, zeigen, daß im 13. Jh. bereits eine Weiterentwicklung eingetreten war. Man war dazu übergegangen, den sog.

»Zerrennherd« zu benutzen, der in der Oberpfalz an der Windseite eine gemauerte Wand hatte und dem man mit Hilfe von Blasebälgen künstlich Wind zuführte. Er erbrachte bei einem Holzkohlenverbrauch von 215 kg innerhalb von 3–4 Stunden eine Eisenluppe von etwa 1 1/3 Amberger Centnern (ca. 80 kg). Durch »Ausheizen« in einem zweiten Ofen, im sog. »Wellherd«, der auch »Schmidofen« genannt wurde, und nachfolgendem mehrfachen Ausschmieden gewann man ein vorzügliches, gut schmiedbares Eisen, das in der Regel als Halbzeug in Form von Schienen und Stäben in den Handel kam.
Nach und nach ging man dazu über, die Kraft des Wassers in zunehmendem Maß zum Betrieb der Blasebälge und der großen Hämmer zum Ausschmieden der Luppe einzusetzen. Schon 1010 wird »smidmuln«, die »Schmiedemühle« im Vilstal genannt. Die »Trethütten«, in denen die Blasebälge und Hämmer mit Muskelkraft betrieben wurden und von denen jene im Gebiet um Auerbach und Plech noch im Salbuch von 1326 aufgeführt sind, wurden aufgegeben. Die Betriebe verlagerten sich von der Nähe der Erzlager und Wälder an die Bach- und Flußläufe, entstanden später an eigens aufgestauten sog. »Hammerweihern«.
Dies war zwar für den hüttentechnischen Betrieb von Vorteil, brachte aber andererseits ziemliche Transportprobleme mit sich. Die schon 1034 bezeugte Vilsschiffahrt konnte zwar so ausgebaut werden, daß schließlich Schiffe mit bis zu 24 m Länge und 400 Amber Centnern Tragfähigkeit bis zur Regensburger Eisenlände verkehren konnten. Zahlreiche Hammerwerke mußten aber ihren Bedarf an Eisenerz und z. T. auch an Kohle über den Landweg decken. Bodenwöhr z. B., um 1600 eines der wichtigsten Hammerwerke mit bewundernswerter Wasseranlage, mit Hammerteichen von 25 ha Wasserfläche, bezog

1603–08 allein aus Amberg 5779,2 t Erz. Dazu waren 10320 Fuhren nötig. Dies bedeutet, daß im Schnitt täglich 7 Fuhrwerke mit Erz in Bodenwöhr ankamen, allein für dieses Hüttenwerk bei 42 km Entfernung und 20 km Tagesleistung also täglich 28 Fuhrwerke unterwegs waren.
Die Verbindung von Schmelzhütte und Hammer blieb für die Oberpfalz, die ein Hammerwerk nur zur Weiterverarbeitung gekauften Schmiedeeisens, wie dies z. B. in der Steiermark üblich war, nicht kannte, lange Zeit typisch. Im 16. Jh. lag der Wert eines solchen Hammers bei 3500 Gulden, was dem Zehnfachen des damaligen Wertes eines Bürgerhauses entsprach. Wurde ein Hammerwerk mit zwei Rennherden und 7 Mann betrieben (Zerrennmeister mit Gehilfe, Schmiedemeister mit Gehilfe, Kohlenzieher, Kohlenmesser und einem weiteren Gehilfen, dem Handpreu), so sollte es nach den Vorschriften der Hammereinigung jährlich 84 t Eisen erschmieden, was z. T. unter-, aber auch kräftig überschritten wurde. Insgesamt erschmiedete das Oberpfälzer Hammerwesen z. B. im Jahr 1545 in 117 Schienhämmern 142750 Centner (zu 61 kg), im Jahr 1609 in 103 Hämmern 146000 Centner Eisen. Bis zum 30jährigen Krieg war die Oberpfalz einer der größten Eisenproduzenten Europas. Ihre großenteils in Hammereinigungen zusammengeschlossenen Hammerwerke erzeugten gemeinsam mit den meist den gleichen Gewerken gehörenden und auf dem gleichen Erzvorkommen basierenden Hämmern im anschließenden fränkisch-nürnbergischen Gebiet, rund 10000 t pro Jahr, etwa 1/6 der Gesamtproduktion Europas. Bis zuletzt lag das Schwergewicht auf der Herstellung von Halbzeug, das wegen seiner Qualität als Schmiedeeisen sehr gesucht war. Amberg und Sulzbach, aber auch Regensburg und später Nürnberg, waren die großen Eisenhandelsstädte, die

Oberpfälzer Eisen aufkauften und als »Eisen aus Bayern« oder »Amberger Eisen«, z. T. auch unter eigenem Namen, vor allem in Süddeutschland, aber auch in Sachsen, Böhmen, Ungarn, Frankreich, der Schweiz und Italien absetzten.

Von der Mitte des 14. Jh.s an ging man – allerdings recht zögernd – dazu über, auch Fertigerzeugnisse herzustellen. Zunächst entstanden Blechhämmer, die das beim Aushitzen im Wellherd als Nebenprodukt anfallende sog. »zweigeschmolzene Erz«, den »Deichel«, zur Erzeugung von Schwarzblech verwendeten. Die Herstellung von geschmiedeten Blechen, bei der je nach Verwendungszweck Bleche von 0,5 bis zu 4 mm Stärke (sog. »Pfannbleche« für die Pfannen der Salzsieder) erzeugt wurden, erforderte zahlreiche Arbeitsgänge, mehrfaches Anwärmen des Eisens und den Einsatz der großen, mit Wasserkraft angetriebenen Hämmer mit 100–250 kg Bärgewicht, bis sie zuletzt, schon auf das Normalformat 60 × 60 cm zugeschnitten, mit leichten Hammerschlägen nochmals per Hand überschmiedet wurden. Mit diesen in reiner Schmiedetechnik hergestellten Blechen besaß die Oberpfalz schließlich bis ins 16. Jh. nahezu ein Monopol: »schwarz« oder verzinnt waren sie in ganz Europa begehrt, kamen über die Ostseehäfen bis ins Innere Rußlands und z. T. bis nach Übersee.

Trotzdem zwang von der Mitte des 16. Jh.s an die Konkurrenz an Lahn und Sieg, vor allem aber die hochentwickelte Eisenverarbeitung in der Steiermark und in Oberösterreich, auch die Oberpfälzer zu weitergehender Spezialisierung. Neben die gut eingeführten Schien- und Blechhämmer traten die Drahthämmer von Neumühle/Amberg und Freystadt, die sog. Zainhämmer und die Waffenhämmer.

In den Zainhämmern (Abb. S. 17) wurde vor allem das Stabeisen der Schienhämmer zu langen, höchstens 1/2–5/8 Zoll starken Stäben ausge-

Aus: Christoff Weigel: Abbildungen der Gemein-Nützlichen Haupt-Stände . . ., Regensburg 1698 (Stadtbibliothek Nürnberg)

reckt, die bündelweise verkauft wurden. Daneben erschmiedete man in diesen reinen Schmiedehämmern »Khnopper Eisen, streck, kessel und andere Gattung Eisen«.

Am ehesten aber entsprechen die sog. Waffenhämmer mit ihrer Produktion der Vorstellung, die wir haben, wenn wir an Hammerschmieden denken. Denn hier entstanden in erster Linie Werkzeuge: Beile, Pflugscharen, Sensen, Schaufeln, Ketten usw.; an Waffen, trotz des Namens, nur Spieße u. ä. Kein Wunder, daß dies der einzige Zweig des im Mittelalter so wichtigen Oberpfälzer Hammerwesens ist, der bis in unsere Zeit erhalten blieb. Erst 1958 bzw. 1963 stellten der Seebarnhammer bei Rötz und der Staubershammer bei Auerbach ihren Betrieb ein, während der Waffenhammer von Wildenau/Neustadt a. d. WN noch heute arbeitet.

Im übrigen wirkten sich auch bei den Hammerwerken Reformation und 30jähriger Krieg ähnlich nachteilig aus wie im Bergbau. Hinzu kam der enorme Holzverbrauch der Rennfeuer. Er hatte schon früher zu Beschwerden an den Landesherrn geführt wegen des »Raubbaues der Hammermeister« in den Wäldern. Obwohl oder gerade weil man schon bald zu gezielter Forstwirtschaft überging und den ursprünglichen Mischwald durch rascher einschlagbare, zur Verkohlung geeignetere Kiefernsorten ersetzte, kam es zunehmend zu Krüppelwuchs, zu schlechtem Zustand und zu einer noch heute feststellbaren Verarmung der Wälder im Einzugsbereich der größeren Betriebe.

Die wenigen Hammerwerke, die in der 2. Hälfte des 17. Jh.s noch bestanden, mußten ihre Technik verbessern. So ging man gegen Ende des Jahrhunderts dazu über, sog. »Floßöfen« oder »Blasöfen« einzusetzen, die im Verhältnis zur Eisenausbeute wesentlich weniger Holzkohle benötigten. Allerdings erschmolzen die ersten etwa 7 m hohen

»Hochöfen« mit dem stärkeren Winddruck ihrer verbesserten Blasebälge statt der teigigen Luppe des Rennofens ein flüssiges, meist stark aufgekohltes Eisen, das nicht schmiedbar war. Erst allmählich lernten die Schmelzer durch nachfolgendes sog. »Frischen« aus dem spröden, nur zum Gießen verwendbaren Roheisen der Hochöfen wieder schmiedbares Eisen herzustellen.
Soweit bekannt wurde der erste derartige »Hochofen« 1693 unter staatlicher Regie im Hüttenwerk Bodenwöhr angeblasen. Damit begann jener Prozeß fortschreitender Industrialisierung, der die Eisenerzeugung und -verarbeitung in völlig neue Dimensionen überführte. Denn obwohl noch 1802 alle privat arbeitenden unter den 51 damals in der Oberpfalz vorhandenen Hammerwerken am Rennfeuer festhielten, das ein besonders gut schmiedbares Eisen lieferte, war doch das Ende der Hammerwerke alten Stils auch in der Oberpfalz besiegelt. Die durch zahlreiche technische Erfindungen vor allem in England schon um die Mitte des 18. Jh.s eingeleitete Entwicklung führte im 19. Jh. zur Gründung der auf dem Amberg-Sulzbach-Auerbacher Erzvorkommen basierenden einzigen größeren bayerischen Hüttenwerke modernen Stils, der Maximilianshütte in Sulzbach-Rosenberg (1851) und der Luitpoldhütte in Amberg (1883).

Giebelkreuze
a) auf einer Wegkapelle in Ehenfeld/Sulzbach-Rosenberg
b) auf einem Haus in Martinsneukirchen/Falkenstein

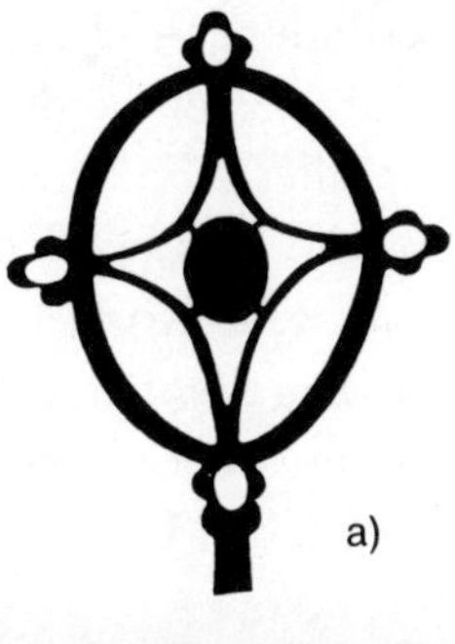
a)

b)

Der Schmied

Das Schmieden von Eisen ist eines der ältesten Handwerke der Menschheit. Geheimnis und Mythos umgeben den, der das heilige, reinigende Feuer und die magische Kraft des Werkstoffes Eisen seinem Willen unterwirft, um Neues zu schaffen. »Schmied und Schamane stammen aus dem gleichen Nest«, lautet ein jakutisches Sprichwort. Aber nicht nur bei den sibirischen Stämmen nimmt der Schmied einen so hohen Rang ein. In verschiedenen Regionen Innerasiens wird die Schmiede wie eine Kultstätte verehrt. Im alten Java entsprach die Beziehung zwischen Fürst und Schmied der von Blutsbrüdern. In Afrika stehen die Schmiede in fast allen Gebieten – außer bei den eigentlichen Steppenjäger- und Hirtenvölkerkulturen – in Verbindung mit geheimen Männerbünden, genießen als Zauberer hohes Ansehen und werden zugleich gefürchtet. Häufig spielt der Schmied als Nachfolger des »Ersten Schmiedes«, der kam, um den Menschen im Auftrag des obersten Gottes das Feuer zu bringen oder – wie bei den Aschanti – die ersten zwei Dutzend Menschen und Tiere zu formen, eine sozial-religiöse Rolle, die wichtiger ist als die des Priesters. Bei den großen Festen der irischen Frühzeit auf Tara Hill/Nordirland hatten die Schmiede ihren Platz gleich neben dem König und den Druiden. Hephaistos und Vulcanus, der griechische und der römische Gott des Feuers waren kunstreiche Schmiede, erfindungsreiche Handwerker, die zu den 12 Hauptgöttern der Antike gezählt werden. Wieland, im nordischen Sagenkreis der berühmteste aller Schmiede, Urenkel eines Königs und einer Wasserjungfrau, lernt das Handwerk nicht nur bei dem Schmied Mime. Er vervollkommnet sein Können bei den zauberkundigen Zwergen. Siegfried, als Jüngling ebenfalls bei Mime, gewinnt sein erstes Schwert Gram nach dem Sieg über einen Riesen; sein wunderbares Schwert Balmung erhält er bei der Teilung des Nibelungenhortes.

Gerade daß diese Verbindungen zwischen dem Schmied und dem Überirdischen, ja Göttlichen, aber auch dem Unheimlichen und Dämonischen, auf so ganz unterschiedlichen kulturellen Ebenen greifbar sind, spricht für die Verwurzelung dieses Handwerks in sehr frühen Phasen der menschlichen Geschichte wie auch für die ungeheuere Bedeutung, die für den Menschen der Frühzeit die Herstellung von eisernen Waffen und Werkzeugen hatte.
Sein überragendes Ansehen unter den Handwerkern errang der Schmied in gleichem Maße, wie das Eisen, allmählich von Süden und Osten nach Norden und Westen fortschreitend, die Bronze endgültig verdrängte. Schon um 1500 v. Chr. hatte sich das Eisen z. B. in Ägypten und Vorderasien durchgesetzt. Auf dem Balkan und im Alpenraum war es zwar um 1000 v. Chr. bereits bekannt, löste aber erst um 600 v. Chr., in Süddeutschland noch rund 200 Jahre später, die Bronze endgültig ab.
Die in Süd- und Westdeutschland siedelnden keltischen Stämme wurden durch die im Alpenraum ansässigen Illyrer – unser Wort »Eisen« verweist ethymologisch auf das illyrische »isarnon« – mit dem Eisen bekannt. Kelten waren vermutlich auch die ersten, die im Gebiet der späteren Oberpfalz in ihren kleinen Windöfen Eisen erschmolzen und es weiterverarbeiteten.
Das kostbare neue Material wurde zunächst vor allem zur Herstellung von Waffen verwendet. Dabei verdrängte das zweischneidige Langschwert sehr bald alle vorher üblichen Formen, das Kampfbeil der Franken ebenso wie den einschneidigen Sax. Die wegen ihrer Elastizität und Schärfe besonders geschätzten »baierischen Schwerter«, deren Ausfuhr an die Slawen und Awaren schon Karl d. Gr. verboten hatte, dürften – folgt man dem vor 1105 entstandenen Annolied – aus dem

Gebiet der heutigen Oberpfalz gekommen sein. Auch der im Rolandslied als Schmied eines Wunderschwerts gerühmte Regensburger Madelger ist kaum völlig frei erfunden. Sicher ist, daß vor allem im 11./12. Jh. in Regensburg, der frühen Hauptstadt der Agilolfinger, berühmte Schwertschmiede saßen.

Mit seinen verstählten Schneiden und der z. T. damaszierten Klinge wird das Schwert zu dieser Zeit zum Stolz des freien Mannes. Ausgezeichnet durch einen eigenen Namen (Siegfrieds Schwert z. B. heißt Balmung), von Dichtern besungen, betrachtet man es als beseelten Kampfgenossen, dem die gleiche Ehre gebührt wie dem siegreichen Helden selbst. Kein Wunder, daß der Verfertiger derartig angesehener Waffen, der Schmied, nach den damaligen Gesetzen auch sehr hoch eingeschätzt wurde. Die Tötung eines Schmieds wurde z. B. nach salischem Recht durch 25 Solidi Buße geahndet, was der Buße für den Tod eines Hausmeiers oder Marschalls entsprach.

Mit der Vervollkommnung der Eisengewinnung und der Eisenverarbeitung gewann das neue Material auch im täglichen Leben zunehmend an Bedeutung. Schon im Capitulare de villis Karls d. Gr. wird neben dem als »scutatore« bezeichneten Waffenschmied der »Eisenschmied« genannt, der alles herstellt, was zur Arbeit der Bauern nötig ist. An Erzeugnissen zählt das »breviarium Caroli Magni« Äxte, Hacken und Beile, Messer und Ziehklingen, Sicheln, Spindelbohrer, Schaufeln und Spaten auf. Kostbar und selten blieben die eisernen Geräte noch lange Zeit. Wie sehr, zeigt das Inventar eines kaiserlichen Gutes, bestehend aus einem steinernen königlichen Wohnhaus, drei anderen Häusern mit 11 Arbeitsstuben, 17 hölzernen Wohnhäusern, 1 Backhaus, 2 Kornhäusern und 3 Schuppen, das bei einem Bestand von 54 Pferden, 66 Rindern, 260 Schweinen und 150 Schafen, nur 2 Äxte, 2 Breit-

Der Schmidt.

Der Sensenschmidt.

Darstellungen auf S. 22 + 23 aus: Hans Sachs, Jost Amann: Eygentliche Beschreibung aller Stände auff Erden . . ., Frankfurt am Mayn 1568 (Stadtbibliothek Nürnberg)

Der Schlosser.

Der Nagler.

hacken, 1 Beil, 2 Bohrer, 1 Spindelbohrer, 1 Schnittmesser, 1 Ziehklinge, 2 große und 2 kleine Sicheln und 2 eisenbeschlagene Schaufeln ausweist. Welcher Wert z. B. einer eisernen Pflugschar beigemessen wurde, läßt sich im wichtigsten mittelalterlichen Rechtsbuch nachlesen: der Sachsenspiegel bestimmt hart und eindeutig, daß der Dieb, der eine Pflugschar gestohlen hat, zu rädern ist.

Bis in die Neuzeit blieb die Arbeit des dörflichen Schmiedes auf den vielseitigen Bedarf der Bauern in Haus und Hof ausgerichtet. Der Dorfschmied stellte nicht nur einfache Werkzeuge her, er mußte als Hufschmied auch über Pferdekrankheiten Bescheid wissen. Er sorgte für Pflug und Wagen, schmiedete Nägel und Beschläge für Türen und Tore, Kienhalter und Kerzenleuchter, schuf Fenstergitter und das Kreuz für den Friedhof.

In den Städten jedoch, deren Bevölkerung gerade im Mittelalter in erster Linie mit der gewerblichen Gütererzeugung beschäftigt war, kam es zu einer sehr weitgehenden und ständig schneller fortschreitenden Differenzierung des Handwerks »Schmied«. Noch in der Zeit der Romanik hatten sich die Gold- und Silberschmiede von den Grobschmieden getrennt, wenn diese auch, voran die Waffenschmiede, z. B. zum Tauschieren weiterhin Edelmetall verwendeten. Im hohen Mittelalter wurden schließlich fast 70 Zweige des Schmiedehandwerks unterschieden, darunter nicht nur Huf- und Wagenschmiede, Schlosser und Spengler, Sägeschmiede, Ketten-, Sichel-, Pfannen- und Neberschmiede (= Bohrerschmiede), sondern auch Sarwürker (= Kettenpanzermacher), Platten- und Ringharnischer, Büchsenmacher, Leuchtermacher, Messerer- und Schermesserer, Nagler, Draht- und Schockenzieher, Gewichte-, Waagen-, Hahnen- und Zapfenmacher, Zirkelschmiede, Schwertfeger, Nestel- und Heftelmacher.

Trotz aller Spezialisierung und so mancher Streitereien über die genaue Einhaltung der einzelnen Arbeitsgebiete, gehörten die verschiedensten Berufszweige lange Zeit einer gemeinsamen Schmiedezunft an, mußten ihr angehören, da ja innerhalb der Städte Zunftzwang herrschte. Selbst die sog. Kleinschmiede, die späteren Schlosser, bildeten zunächst zusammen mit den Grobschmieden eine geschlossene Zunft. Noch 1393 wird z. B. in Regensburg die Zunftordnung für »Schmiede und Schlosser« erlassen. Erst 1577 gilt die neue Ordnung allein für das »Versammelte Handwerk der Schlosser, Uhr-, Büchsen-, Glöth- und Windenmacher«.

Als Angehöriger seiner Zunft war der einzelne Handwerker mit allen Rechten und Pflichten Glied einer größeren Gemeinschaft, die zwar einerseits seine Freiheiten beschränkte, ihm andererseits aber gesellschaftliche und finanzielle Sicherheit gab. Sorgte doch die Zunft im Einverständnis mit der städtischen Obrigkeit nicht nur für angemessene Preise zugunsten der Verbraucher, sondern durch produktionsregelnde Vorschriften vor allem für das standesgemäße Einkommen und die wirtschaftliche Gleichheit der Meister. Lehrling, Geselle und Meister waren eingespannt in eine festgefügte, bis in die Details geregelte berufliche Ordnung, die für manchen zum Problem werden mußte. Anderseits scheint das reiche gesellige Leben innerhalb der Zünfte für manchen Zwang und manche Einschränkung der persönlichen Freiheit entschädigt zu haben.

Ähnliche Bedeutung auf wirtschaftlichem Gebiet wie das Zunftwesen in den Städten hatten die sog. Hammerwerks-Einigungen, deren Mitgliedschaft allerdings nicht obligatorisch war, für die in der Oberpfalz so typischen Hammerwerke draußen im Land. Die Paragraphen dieser Einigungen, die ab 1341 in meist 10jährigem Abstand erneuert, nach

a)

Zunftzeichen
a) der Wagner und Schmiede vom Ausleger in der Kirchgasse Hemau
b) der Wagner und Schmiede am Gasthof »Drei Tannen« in Beratzhausen

b)

Bedarf auch geändert und neu beschworen wurden, und die ein im damaligen Europa einmaliges Beispiel von Absprachen einer wirtschaftlich orientierten Interessengemeinschaft darstellen, sorgten wie die Zunftstatuten für die Produktionsregelung nach Menge, Güte und Preis. Sie richteten sich 1341 vor allem gegen das aus Nürnberg stammende Kapital, ordneten später aber auch die Benutzung von Warenzeichen und die Zuständigkeiten der Hammergerichte. Sie regelten Einstellung und Entlassung, Abwerbung, Entlohnung, Freizeit und bezahlte Feierschichten des »Hammervolkes«, der in den angeschlossenen Werken tätigen Schmiede und Hüttenarbeiter. 1341 z. B. sollte ein Hammerschmied 12 Pfund Haller als Jahreslohn und für jedes Pfund geschmiedeter Eisenschienen weitere 6 Haller erhalten. Dazu kamen in der Regel noch Naturalentschädigungen, z. T. bestand auch Anspruch auf ein Stück Land »zu Rüben und Kraut«.
Im ganzen gesehen gehörte das Eisenmachen und -verarbeiten gerade in der Oberpfalz, in der die Landwirtschaft die Bewohner mehr schlecht als recht ernährte, zu den angesehensten Berufen. Wer gar als Gewerke (= Unternehmer im Bergbau oder im Hammerwesen) tätig war, entstammte entweder dem Adel oder stieg wie so mancher Bürger, der sich vom 15. Jh. an am Standort seines Hammers Landbesitz erwarb, dort ansässig wurde und sich ein schlößchenartiges »Hammerhaus« baute, allmählich in den Adelsstand auf.
Schon gegen Ende des 16. Jh.s verschlechterten sich die Verhältnisse. Den schwerwiegendsten Einbruch brachte, wie bereits erwähnt, der 30jährige Krieg. Beide Zweige des Oberpfälzer Schmiedewesens, die Eisenerzeugung und -verarbeitung in den Hammerwerken, wie das städtische Handwerk, litten unter den Verwüstungen des Krieges und der Dezimierung der Bevölkerung um mehr als ein Drittel. Zwar stie-

gen zunächst die Preise für handwerkliche Erzeugnisse. Das Schmiedehandwerk in den Städten erholte sich. Der handwerklich arbeitende Schmied, der ja an Amboß und funkensprühender Esse schon immer nicht nur Schöpfer des Nützlichen, sondern auch des Schönen war, entwickelte sich mit Spitzenleistungen zum Künstler, dessen Name ebenso festgehalten wurde wie die Entstehungszeit einzelner Werke. Die innere Auflösung des Zunftwesens aber nahm immer deutlichere Formen an. Es erschöpfte sich weitgehend in Äußerlichkeiten, wurde z. T. zum Hindernis für jede Weiterentwicklung innerhalb des Handwerks. 1731 ging mit dem Reichsbeschluß, der auf Grund des im Regensburger Reichstags erstellten Gutachtens »wegen der Handwerker-Mißbräuche« gefaßt wurde, die Zunftgesetzgebung des alten Deutschen Reiches zu Ende. Hinzu kam, wie schon unter ähnlichen Bedingungen im 16. Jh., wo auf den Oberpfälzer Hammerwerken die Löhne zwischen 1554 und 1600 unverändert blieben, während die Preise für Weizenmehl auf 190 v. H., für Käse (1583) auf 185 v. H. und für Schmalz auf 142 v. H. stiegen, mit der Zunahme der Bevölkerung die ständig wachsende Diskrepanz zwischen Löhnen und Preisen für Handwerkserzeugnisse einerseits und für Nahrungsmittel andererseits. Sie erreichte in der ersten Hälfte des 19. Jh.s einen Höhepunkt. Der alte Spruch vom goldenen Boden des Handwerks galt für die Schmiede der damaligen Zeit in den seltensten Fällen, der Niedergang der alten Schmiedekunst war eingeleitet. Endgültig in den Grundfesten erschüttert aber wurde das Handwerk durch die einsetzende Industrialisierung. Weiteste Teile der angestammten Produktion gingen dem Schmied verloren, das Berufsbild änderte sich völlig. Die Tätigkeit des Handwerkers alter Prägung, des eigenständig schöpferisch arbeitenden Meisters, dessen Formenreichtum in der Gestaltung aus profunder Materialkenntnis kam, wurde abgelöst von dem z. B. nach Architektenentwurf arbeitenden Schmied, der versucht, in Eisen umzusetzen, was von ihm verlangt wird. Gleichzeitig wurden Schmied und Schlosser, Grob- und Kleinschmied zu Basisberufen der Metallbearbeitung, sei es im Handwerk oder in der Industrie, denen in unserer heutigen hochtechnisierten Welt ständig neue Tätigkeitsbereiche zuwachsen. Selbst der Dorfschmied, der mit seiner Arbeit noch am längsten dem alten, vielseitigen Bild des Schmieds entsprach, ist zum Landmaschinenhandwerker geworden. Erst neuerdings wird er als Hufschmied im Umkreis der größeren Städte mit ihren Reitervereinen wieder gebraucht.

Nur wenigen »Kunstschmieden« gelang es, sich Teile der alten Arbeitsbereiche zu bewahren, Schmied in jenem Sinne zu sein, den der Sienese Biringuccio meint, wenn er in seinem 1545 erschienen Buch »Pirotechnica« schreibt: »Alles in allem macht meines Erachtens ... die Eisenschmiedekunst einen unvergleichlich großartigeren Eindruck, als die Bearbeitung aller anderen Metalle, und sie enthält mehr Geheimnisse und vielleicht mehr Erfindungen als sie alle. Wenn es keine so beschwerliche und grobe Arbeit wäre, könnte man sie eine entzückende Kunst nennen. Denn wenn ich erwäge, daß die Meister dieser Kunst ihre Arbeit ohne Form und Zeichnung oder Stempel machen, und daß ihnen das Sehen mit den Augen und ihre Urteilskraft genügt, und daß sie nur durch Schlagen alles richtig und wohlgefällig machen, scheint mir das etwas Großes zu sein«.

Die Techniken des Schmiedens

Der handwerklich arbeitende Schmied setzt noch heute die gleichen Techniken ein, die sich durch Jahrhunderte bewährten und von denen nur manche zeitweise bevorzugt, zeitweise vernachlässigt wurden. Fast alle Schmiede-Techniken werden in »rotwarmem« (800–1000° C), seltener in »weißwarmem« (1300° C) Zustand durchgeführt. Nur zum Feuerschweißen muß der Zeitpunkt abgepaßt werden, wo bei etwas über 1350° C das Eisen beginnt in den teigigen Zustand überzugehen. Das in der Esse erwärmte Eisen wird beim Schmieden zwischen Amboß und Hammer kräftig durchgeknetet. Dies führt zu einer Verbesserung des Materialgefüges, wenn zu häufiges »Hitzen« vermieden wird. Rasches, zügiges Arbeiten ist daher beim Schmieden ebenso wichtig wie die Kraft und Geschicklichkeit des Schmiedes. Es ist der Stolz des guten Schmiedes, daß er die angestrebte Form unter Ausnutzung der charakteristischen Eigenschaften seines Werkstoffes Eisen nur durch die Bearbeitung mit dem Hammer erzielt. Hammerspuren und kleine Unregelmäßigkeiten prägen dabei das individuelle Erscheinungsbild eines Werkstückes, machen den Reiz guter handwerklicher Arbeit aus. Allerdings hat das heute bei »rustikalen« Arbeiten so beliebte nachträgliche Abhämmern, das Anbringen von Ziertupfen, wie sie bezeichnenderweise genannt werden, mit guter Schmiedearbeit nichts mehr zu tun. Wesentlich für die Qualität einer Arbeit ist ihre Form und der bestmögliche Einsatz der zur Erzielung dieser Form nötigen Technik.

Neben dem Amboß ist der Hammer in seinen verschiedensten Ausführungen und Gewichten das wesentlichste Werkzeug des Schmiedes. Dazu kommen die Meß- und Anreißgeräte, die unterschiedlichsten Zangen, Meißel, Stichel und der Lochblock mit seinen kleinen und

großen, runden und viereckigen Löchern, der zum Lochen, Aufdornen und Zapfenstauchen nötig ist.
Die großartigen Leistungen der Schmiedekunst auch in der Oberpfalz lassen sich nur dann wirklich würdigen, wenn man eine Ahnung von den Techniken hat, die von so manchem Schmied, auch von einfachen, unbekannten Dorfschmieden, auf so vollendete Art eingesetzt wurden:

Strecken, Recken

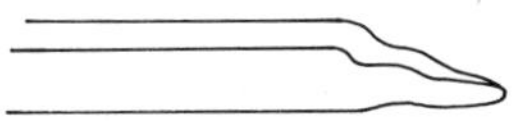

Soll ein Werkstück länger werden und/oder sich verjüngen, so wird in rotwarmem Zustand abwechselnd die obere und die seitliche Fläche mit der breiten Hammerbahn bearbeitet.

Breiten, Breitziehen, Ausbreiten

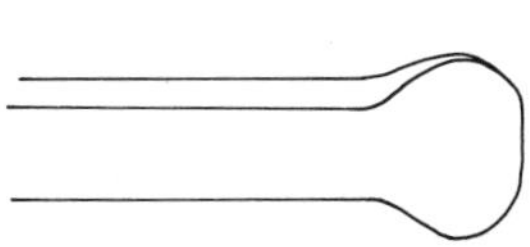

Soll es breiter werden, wird nur eine Fläche des Werkstückes bearbeitet und zwar mit der Hammerfinne, dem schmalen Teil des Hammers, parallel zur Längsrichtung des Werkstückes.

Stauchen

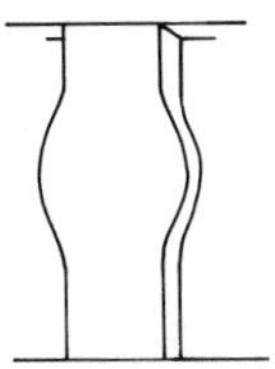

Um das Werkstück kürzer zu machen, vor allem aber um an einer oder an mehreren Stellen einen größeren Durchmesser zu erzielen, wird das Werkstück in rotwarmem Zustand mit Hammerschlägen in Richtung der Längsachse zusammengedrückt. Um die gewünschte Verdickung an einer bestimmten Stelle zu erhalten, muß alles übrige nach dem »hitzen« mit Wasser abgeschreckt werden.

Biegen

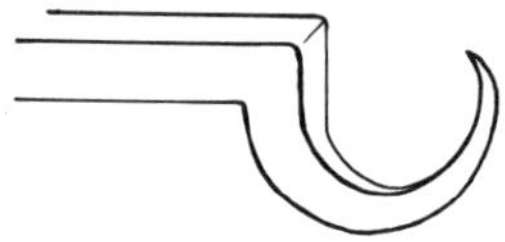

Auch das Biegen erfolgt, ob es sich um rechtwinkeliges Abbiegen oder rundes Biegen und Einrollen handelt, in rotwarmem Zustand. Zum Teil ist vorheriges Stauchen nötig. Das Biegen selbst erfolgt über die Amboßkante (rechtwinkelig), über die Amboßhörner oder über einen passenden Dorn.

Spalten, Abspalten, Aufspalten

Das Werkstück liegt in rotwarmem Zustand auf einem zum Schutz der scharfen Meißelkante untergelegten Blech auf der Amboßbahn. Mit aufgesetztem »Warmschroter« (= Meißel) wird es aufgetrennt. Je nach der Stelle der Trennung, die sich nach der geplanten Weiterverarbeitung richtet, spricht man von Abspalten (Trennung am Rand) oder Aufspalten (Trennung z. B. in Stabmitte).

Drehen, Tordieren

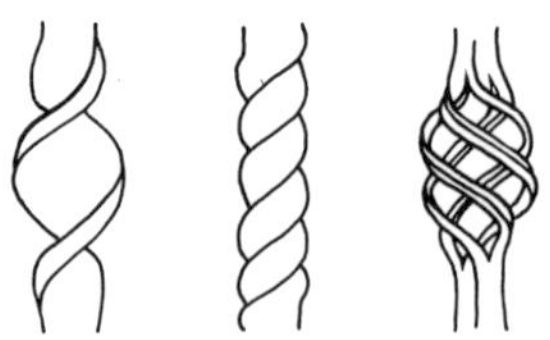

Wird ein Stab z. B. im Schraubstock an einer Seite festgehalten, so läßt er sich mit der Zange oder mit dem sog. Wend- oder Dreheisen um die eigene Achse drehen, so daß an der vorgewärmten Stelle eine Art Spirale entsteht. Wird der Stab zuvor aufgespalten, so entsteht eine sog. Zirbel.

Schlichten

Das Werkstück wird zum Glätten der Oberfläche mit dem sog. Schlichthammer bearbeitet.

Lochen, Aufdornen

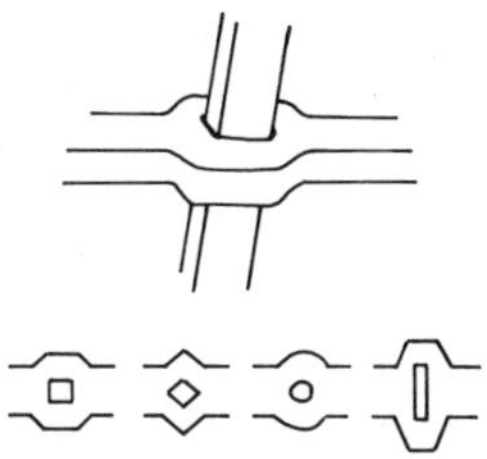

Eine Technik, die vor allem zum »Durchstecken« eines Stabes durch einen anderen, als Verbindung z. B. bei Gittern etc. verwendet wird. Der Stab muß zunächst gestaucht und gespalten werden. Dann wird das Werkstück mit der so vorbereiteten, wieder erwärmten Stelle über das entsprechende Loch eines Locheisens gelegt und mit einem runden oder rechteckigen Dorn aufgetrieben.

Kehlen, Rippen, Einhauen, Punzieren, Ziselieren

Techniken der Flächenbehandlung. In rotwarmem oder kaltem Zustand werden mit dem sog. Kehlhammer allein oder mit Hilfe der verschiedenst geformten Meißel furchenartige Vertiefungen, Kerben oder Muster eingeschlagen.

Treiben

Für Reliefverzierungen wird Blech durch gezieltes Hämmern auf die Rückseite geformt oder auf einer Pechunterlage mit Hammer und stumpfen Meißeln bearbeitet. Dabei steigt das Pech durch den erzeugten Druck auf und bildet im Werkstück die gewünschten Erhöhungen.

Schmieden im Gesenk

Werden bestimmte Zierformen – z. B. an Gittern des 17. und 18. Jh.s – mehrfach wiederholt, so verwendet man zeitsparende sog. Gesenke. Dazu wird eine Hohlform hergestellt, in die das Werkstück entweder mit stumpfem Meißel und Hammer oder mit der entsprechenden Gegenform hineingedrückt wird.

Bunden

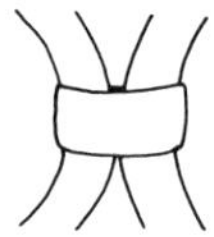

Um zwei oder mehrere Stäbe vor allem an gebogenen Stellen zu verbinden, können sog. Bunde angebracht werden. Ein mehr oder weniger breiter, z. T. verzierter Eisenstreifen mit abgeschrägten Enden wird in rotwarmem Zustand um die zu verbindenden Teile gelegt. Allein durch das beim Abkühlen erfolgende Zusammenziehen des Eisens wird der Bund genügend straff.

Nieten

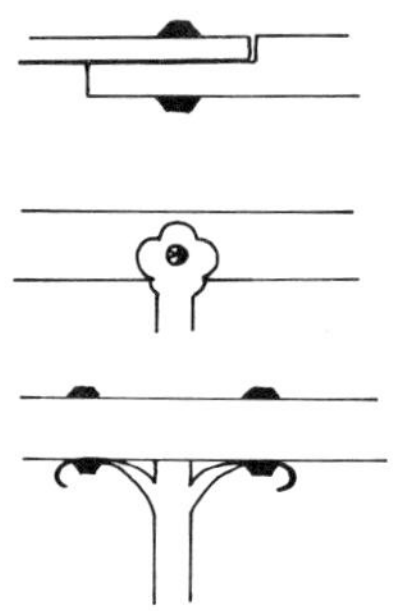

Diese Technik dient zur Verbindung sich überkreuzender Stäbe und – besonders häufig – zur Befestigung eines Gitters in seinem Rahmen. Der Nietenkopf kann als gestalterisches Element in die Gesamtwirkung einbezogen werden.

Feuerschweißen

Zur Verbindung von zwei oder mehreren Eisenstücken werden diese nach Erwärmung auf Schweißhitze durch Hämmern auf dem Amboß gewissermaßen ineinander verknetet. Waffen- und Werkzeugschmiede setzten diese Technik, die zu den ältesten überhaupt gehört, auch zur qualitativen Verbesserung des Eisens ein.

Erzeugnisse der Oberpfälzer Schmiedekunst

Allgemeine stilgeschichtliche Entwicklung

Aus der Vorromanik und Romanik ist uns im Bereich der heutigen Oberpfalz wenig überkommen, obwohl gerade Regensburg mindestens im 11./12. Jh. ein hochstehendes Schmiedehandwerk besaß. Die beiden einzigen Arbeiten aus dieser Zeit, die aus der 2. Hälfte des 12. Jh.s stammenden Beschläge des Westportals von Niedermünster in Regensburg (Abb. S. 42, 74) und Bänder und Griffring an der Eingangstüre der kleinen Pfaffenhofener Kirche aus dem frühen 13. Jh. (Abb. S. 41, 73), sind typisch für die hochentwickelte Eisenkunst der damaligen Zeit. Sie konzentrierte sich vor allem auf die z. T. apotropäisch eingesetzten, flächig empfundenen Beschläge: das Eisen wurde durch Hammerschlag geplattet und gestreckt, in Bänder gespalten; man ließ es in Kreisen und Halbkreisen, in Windungen endigen; bildete Schlangen- und Vogelköpfe; verwendete Ziernägel.

Auch der aus der Gotik stammende Bestand an schmiedeeiserner Handwerkskunst ist in der Oberpfalz nahezu ausschließlich auf kirchliche Bauten beschränkt. Nur das Museum der Stadt Regensburg bewahrt neben einzelnen Werkzeugen, Schlössern und Schlüsseln aus dem 15. Jh. auch gotische Hostieneisen (Abb. S. 98) und eine spätgotische Truhe aus Fronberg (Abb. S. 96).

Frühestes Beispiel eines Gitters in Dorntechnik ist das nach 1350 entstandene, bei aller Schlichtheit beeindruckende Gitter über dem Hochgrab des hl. Wolfgang in St. Emmeram, Regensburg. Die gleiche Technik wird bei den im Raum Regensburg verhältnismäßig häufigen, z. T. gerauteten, zierlichen Gittertürchen an den Sakramentsnischen eingesetzt (u. a. Burgweinting, Abb. S. 110; Regensburg, Dom und Rupertuskirche bei St. Emmeram). Wichtig aber sind aus dieser Zeit vor allem die Eingangs- und Sakristeitüren. Hier spannt sich der Bogen von den mehr oder weniger einfachen, blechbeschlagenen Türen, wie sie in

Auburg, Frenghofen und am Eingang zur Marienkapelle von St. Emmeram, Regensburg, anzutreffen sind, über die volkstümlichen, mit zahlreichen Hufeisen versehenen Türen in Breitenbrunn und Steinbühl/Kötzting (Abb. S. 75), sowie die Sakristeitüren von Hemau (Abb. S. 42) und Neukirchen/Schwandorf, die noch – wohl in bannender Funktion – Tierformen verwenden, bis zu den stark aufgelösten, an pflanzliches Rankenwerk erinnernden Beschlägen der Sakristeitüren von Sulzbach (Abb. S. 76) und St. Wolfgang/Velburg (Abb. S. 42). Noch immer ist das Beschläg der Fläche verhaftet, wird flach gehämmertes Eisen und die Abspalttechnik eingesetzt. Dazu aber kommen nun vereinzelt Treibarbeiten. Schönstes Beispiel ist die Platte mit dem Zugring an der Sakristeitüre von St. Wolfgang/Velburg mit der Figur des hl. Wolfgang inmitten reichsten, durchbrochenen Rankenwerks (Abb. S. 77). Überhaupt wird dem Zugring, der Schloßplatte und dem Schlüssel besondere Aufmerksamkeit zuteil. Sie werden reich gearbeitet, die Schloßplatte erhält meist eine einfallsreich gestaltete Schlüsselführung, häufig in Geweihform (Abb. S. 78, 80).
Die beginnende Neuzeit bringt mit ihren Glaubenswirren und der allgemeinen Unruhe nicht nur einen Abbruch der gotischen Formtradition und über einige Jahrzehnte das völlige Fehlen größerer Arbeiten, sondern auch neue Auftraggeber. Im Gegensatz zu den gotischen Arbeiten stammen alle sicher datierten, in der 2. Hälfte des 16. Jh.s entstandenen Beispiele schmiedeeiserner Handwerkskunst in der Oberpfalz aus dem weltlichen Bereich. Neben die im Mittelalter bevorzugten Beschläge treten als erste größere Gitter die Regensburger Brunnengitter. Grundelement dieser Arbeiten sind die dünnen, vorgefertigten, aus den Zainhämmern stammenden Eisenstäbe. Sie bilden zusammen mit der vervollkommneten Dorntechnik die Voraussetzung

für den Reichtum der späteren Gitter mit ihrem immer neuen Geflecht von Spiralmustern. Schlösser und Beschläge (Amberg, kleiner Rathaussaal; Regensburg, Rathaus) werden nun geätzt und graviert. Die beiden Eisentüren des 16. Jh.s (Cham, Rathaus, Abb. S. 81; Regensburg, ehem. Salzburger Hof, jetzt Museum der Stadt) verwenden zwar noch gotische Elemente, wie die einzelnen Stile ja überhaupt und gerade in der Oberpfalz mit ihrem starken Zug zur Beharrung nicht abrupt endigen, sondern allmählich ineinander übergehen. Doch verrät besonders die Chamer Türe mit ihrem Zugring, dem Geharnischten als Schlüsselblech (Abb. S. 44) und den fünf getriebenen Blüten den Einfluß eines völlig neuen Formgefühls.

Noch einmal, wie schon in der 1. Hälfte des 16. Jh.s, kommt es zu einer Pause. Die 1. Hälfte des 17. Jh.s ist unter dem Einfluß des 30jährigen Krieges ausgesprochen arm an Arbeiten der Schmiedekunst. Sicher datiert ist überhaupt nur das Brunnengitter des Lerchenfelder Hofes in Regensburg (1622). Um 1650 setzt mit den Fenstergittern am Pettenkofer-Haus in Berching und dem Geländer der sog. Fürstentreppe (1655) im Regensburger Rathaus zunächst noch zögernd, vom letzten Viertel des 17. Jh.s an dann in immer stärkerem Ausmaß ein Aufschwung ein, der im Reichtum barocker Arbeiten gipfelt.

Die Zeit des Barock und Rokoko bringt, nach dem ersten Höhepunkt in der Gotik, die zweite Blüte schmiedeeiserner Kunst in der Oberpfalz. Die Spirale – in der Romanik auf so ganz andere Art vorgebildet – erreicht ihre Vollendung und verschwindet wieder, wird gegen 1720/30 durch das neue Lieblingsmotiv der C- und S-Bügel abgelöst (Bandlwerk). Die gleichbleibende Stärke der verwendeten Rundeisenstäbe, auf die in der Renaissance so viel Wert gelegt wurde, beginnt sich im einsetzenden Barock zu verlieren. An Abspaltungen und an den

Treffpunkten der Stäbe kommt es zu Schwellungen. Auch die Spiralenden verdicken sich, bilden sog. »Knoppern« und »Keulenschwünge«. Dazu kommt die immer beliebter werdende Einhautechnik, die mit Binnenzeichnung und weiterer Veränderung des Stabumrisses völlig neue Möglichkeiten eröffnet und gerade beim Beschläg zu charakteristischen Ergebnissen führt. Das Akanthusblatt, in seiner schönsten Ausformung typisch für den frühen Barock, setzt sich nach 1700 siegreich durch, bis es mit dem beginnenden Rokoko immer schmaler, schilfähnlicher wird und schließlich der Rocaille Platz macht. Balusterstäbe und phantastische Figürchen, »Wildmännergesichter«, Grotesken, plastisch getrieben oder in Einhautechnik gearbeitet, gehören lange Zeit dazu.

Dies ist die hohe Zeit der Gitter. Innerhalb eines guten halben Jahrhunderts entstehen alle großen Arbeiten, die die Oberpfalz besitzt: die Gitter in Regensburg (St. Emmeram, Abb. S. 119; Alte Kapelle, Abb. S. 115; Friedhof St. Lazarus, Abb. S. 112; Dominikanerkirche) und Amberg (Schulkirche, St. Martin); in Speinshart, Michelfeld (Titel); Freystadt, Sulzbach und Plankstetten (Abb. S. 116); die Waldsassener Gitter (Abb. S. 117); die kleineren Gitter in Köfering, Fuchsmühl und Aufhausen.

Dem Raumgefühl des Hochbarock, der das Gitter als Abschlußgitter an den Eingang unter die Orgelempore verwies, widerstanden die zunächst üblichen Chorgitter so sehr, daß man sowohl in St. Emmeram, Regensburg, wie in der Amberger Schulkirche die ursprünglichen, 1679 bzw. 1699 entstandenen Chorgitter, durch neue Teile verbreitert, nach rückwärts verlegte (1733 und 1758). So blieb als seltenes Beispiel eines Oberpfälzer Chorgitters nur das von Hans Wotschak stammende Gitter auf dem Annaberg bei Sulzbach-Rosenberg erhalten.

Das ganze technische Können, die schöpferische Freude am Gestalten, aber auch die offensichtliche Begeisterung der Auftraggeber, die die Oberpfälzer Schmiede des Barock beflügelte und die in den großen Gittern dieser Zeit so spürbar wird, kam auch den kleineren Arbeiten zugute, dem Beschläg und den Schlössern, den Kerzenhaltern in den Kirchen, den Wirtshaus- und Zunftschildern an ihren prachtvollen Auslegerarmen, den Grabkreuzen: eine Fülle der schönsten Arbeiten entstand auch auf diesen Gebieten im Jahrhundert des Barock und Rokoko, in einer Zeit, die mehr und mehr auch für schmiedeeiserne Arbeiten die Farbe einsetzte.
Dieser aus dem Vollen schöpfende Überschwang des Barock war dem ausgehenden 18. Jh. fremd, ja unerträglich. Einfachheit und Klarheit wurden nun im Klassizismus, beeinflußt vom französischen Empire, auch in der Oberpfalz angestrebt. Eine gewisse Kühle setzt sich durch, daneben die neuen Formen: geometrische Muster, Lorbeerkränze, Bandschleifen und die Wirbelrose. Die hohe Zeit der großen, von den Kirchen in Auftrag gegebenen Gitter ist vorbei. Noch entstehen Fenster- und Balkongitter (Regensburg: Obermünster; Regierungsgebäude Emmeramsplatz), daneben charakteristische Ausleger (Schmidmühlen »Zum Goldenen Anker« Abb. S. 51) und Grabkreuze (z. B. Chammünster).
Die 2. Hälfte des 19. Jh.s aber bringt einen allgemeinen Niedergang. Vor allem bei den Grabkreuzen ersetzt Eisenguß nun die handwerkliche Schmiedearbeit. Die billigere, schnelle Massenware einer industrialisierten Welt ist im Vormarsch. Bezeichnenderweise wird der Ausdruck »Schmiedeeisenkunst« erst in der einsetzenden Gegenbewegung dieser Jahre üblich: wie so oft entdeckt der Mensch auch hier erst im Verlust den Wert seines vorher so selbstverständlichen Besitzes.

Ein aufmerksamer Gang durch unsere Heimatmuseen vermittelt noch am ehesten ein Bild vom Reichtum handgeschmiedeter eiserner Geräte, die bis ins 19., z. T. bis ins 20. Jh. allgemein üblich waren.
Aus Eisen waren Dreifuß, Pfannhalter und Bratspieße; die Kette, die den Topf über dem Feuer hielt, aber auch Topf und Pfanne selbst; der Haken, mit dem später die gußeisernen Häfen im Ofen bewegt wurden und mit dem man das Geselchte aus dem Rauchfang holte.
Geschmiedet waren die Werkzeuge, angefangen mit Hammer und Zange, mit den Äxten der Holzfäller und Zimmerleute – einen Querschnitt der in den Oberpfälzer Hammerwerken vom 15. bis ins 19. Jh. hergestellten Zimmermannsbeile zeigt das Museum der Stadt Regensburg –, den verschiedenen Hacken und Schaufeln, bis zur Schere, die der Bauer zur Schafschur oder der Schneider für seine Arbeit benutzte, bis hin zu Messer und Gabel auf dem Tisch.
Geschmiedet waren auch die Waffen, von denen es in Aventins Chronik heißt »Der gemain Mann in Baiern mag Wehren tragen, Schweinspieß und lang Messer«; genauso wie alles Eisen am Pflug, wie die Beschläge für Wagen und Schlitten, wie der meist mit Jahreszahl und Punzierungen verzierte Flachsrechen. Geschmiedet war jeder einzelne Nagel, je nach Verwendungszweck in den unterschiedlichsten Größen und den verschiedensten Kopfformen.
Besondere Bedeutung hatte lange Zeit die Arbeit des Hufschmieds. Fast überall gehörte es zu den Prüfungsaufgaben des angehenden Schmiedemeisters, einen vollständigen Hufbeschlag auszuführen, nachdem das Pferd nur zwei- bis dreimal an ihm vorübergeführt worden war. Die Eisen dazu mußte er in zwei Hitzen fertigen. Noch heute erhält der Hufschmied eine besondere Ausbildung und darf nur als staatlich geprüfter Hufbeschlagschmied sein Handwerk ausüben. In

Geschmiedete Nägel
mit verschiedener Kopfform

a)

b)

Hufeisen
a) Normalform
b) Renneisen

Dreifuß, 19. Jh.
a) Privatbesitz
b) Heimatmuseum Sulzbach-Rosenberg

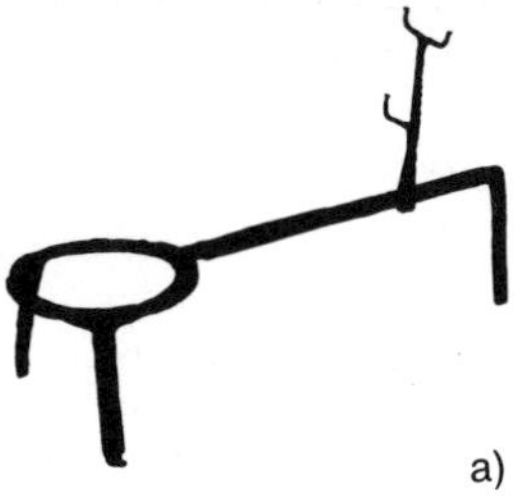
a)

b)

Zimmermannsbeile aus Opf. Hammerwerken, 15.–19. Jh.; Museum der Stadt Regensburg

Flachsrechen von 1828; Privatbesitz

unserem Kulturkreis stellte der Hufschmied ursprünglich für Pferde, Maultiere und Zugochsen Sandalen aus Blech, wenig später aus kräftigen Eisenplatten her, die mit Riemen befestigt wurden. Vereinzelt wurden für derartige »Schuhe« sogar Edelmetalle verwendet: die Maultiere an Neros Reisewagen sollen auf silbernen Sohlen gegangen sein und seine Gemahlin Poppäa bestand für ihre Tiere sogar auf goldenen. Die gewöhnlichen Reit- und Zugtiere scheinen aber gerade bei den Römern, die lange Zeit versuchten, die Hufe der Tiere zu härten, keine Eisen getragen zu haben.
Erst um die Mitte des 5. Jh.s kamen Hufeisen in unserem Sinne in Gebrauch: die sog. »keltischen« Eisen wurden mit Nägeln am Huf befestigt. Wichtig ist, daß ein Hufeisen nicht nur danach gearbeitet werden darf, welche Pflichten das zu beschlagende Pferd zu erfüllen hat – ein Rennhufeisen sieht z. B. völlig anders aus als das Eisen eines schweren Bräurosses –, sondern daß der Schmied sich auch nach der speziellen Hufform und der Beinstellung des Tieres richten muß. So kommt es, daß kaum ein Hufeisen dem anderen in Form und Größe völlig gleicht. Nach einem alten Volksglauben aber bringt jedes, das man findet, Glück. Angenagelt an Türen oder Schwellen wehrt es Unheil, Hexen und Kobolde ab.

Feuerböcke mit Bratspießen, 19. Jh. (?); Heimatmuseum Sulzbach-Rosenberg

Zu Türen und Fenstern gehören Bänder, Angeln, Griffe und Schlösser. Sie verbinden hölzerne Teile miteinander, machen sie gegeneinander beweglich, benutz- u. verschließbar. Von der Funktion her sind die Beschläge, das »Beschläg«, durch die Jahrhunderte gleich, als Gestaltungsmittel aber von Epoche zu Epoche verschieden. Dazu kommt, zumindest das ganze Mittelalter hindurch, eine apotropäische, Dämonen und Unheil abwehrende Aufgabe (z. B. Hemau, Steinbühl!). Eine Ahnung davon scheint sich lange bewahrt zu haben. Wohl nur so läßt sich erklären, daß selbst in völlig barockisierten Kirchen die Türen der Romanik und Gotik mit ihrem nun fremdartig wirkenden Beschläg erhalten blieben, man denke in der Oberpfalz nur an St. Sebastian in Breitenbrunn, an die Pfarrkirche von Hemau (Abb. S. 80), an die kleine Kirche von Rohr bei Neumarkt, an St. Wolfgang/Velburg (Abb. S. 77) oder an die Nikolauskapelle in Steinbühl/Kötzting (Abb. S. 75).
Fast alle in der Oberpfalz in situ erhaltenen schmiedeeisernen Beschläge dieser frühen Zeit befinden sich an Kirchentüren, häufig an Sakristeitüren. Während die Romanik ihre Aufmerksamkeit vor allem den Bändern widmet, die in typischen Bögen und Spiralen enden, gilt das Interesse der Gotik darüber hinaus auch Schloß und Griffringen. Die Bänder werden nun völlig aufgelöst, mehr und mehr flächenfüllend (St. Wolfgang/Velburg, Hemau, Sulzbach-Rosenberg, Abb. S. 76). Griffringe und Schloßplatten übernehmen allmählich eine zunehmend dekorative Rolle, werden z. T. zum gestalterischen Höhepunkt der Türe (St. Wolfgang/Velburg, Abb. S. 77). Gleichzeitig fertigt man aber auch einfachste Türen, wie sie uns an den Kirchen in Auburg und Frenghofen bei Regensburg erhalten sind und die völlig mit jenen unregelmäßigen Eisenplatten beschlagen sind, die damals als erstes Blech noch völlig frei ausgeschmiedet wurden. In der Weiterentwicklung

Türbeschläg aus Bauernhäusern der westl. Opf., 19. Jh.; Privatbesitz

Türbeschläg aus einem Bauernhaus der westl. Opf., 19. Jh.; Privatbesitz

Romanisches Türbeschläg an der Eingangstüre der Kirche in Pfaffenhofen/Kastl

entstehen Türen wie jene in Dengling/Regensburg (Abb. S. 78), die durch rautenförmig aufgesetzte, flache Eisenbänder und die reiche Verwendung von Nägeln belebt wird, oder die schon Renaissancemerkmale zeigende ehem. Verließtüre im Chamer Rathaus (Abb. S. 81). Erst aus sehr viel späterer Zeit sind uns nochmals zwei Eisentüren erhalten: die um 1680 entstandene Tür im Erdgeschoß der ehem. Abtei Waldsassen (Abb. S. 83), bei der an Bändern und Mittelleiste die Einhautechnik noch sehr zurückhaltend eingesetzt ist, während Schlüsselbleche und Zuggriffe in Rankenwerk mit zarter Binnenzeichnung aufgelöst sind; und die 100 Jahre später, 1779 gearbeitete, erneuerte Tür im Westportal von Neukirchen b. Hl. Blut, die in überraschender Nüchternheit über die Kassettierung hinaus auf nahezu jeden weiteren Schmuck verzichtet. Die Waldsassener Tür ist zugleich ein prächtiges Beispiel für die schon in der Renaissance einsetzende Abkehr von der bis dahin geltenden Neigung zu flächenfüllendem, fast pflanzlichem Wuchern des Beschlägs (St. Wolfgang Abb. S. 42, Sulzbach-Rosenberg, Abb. S. 76). Bei allem Reichtum der Ausgestaltung sitzen nun Bänder, Schloßplatte und Schlüsselbleche, Griffringe und Klopfer einzeln auf dem Türblatt.

Im ganzen folgt auch das Beschläg dem Trend zu immer reicherer Ausgestaltung. Nur in der Volkskunst werden bis zuletzt die in Romanik und Gotik zur Vollendung geführten Techniken des Ausschmiedens und Abspaltens beibehalten (Abb. S. 40, 41). Die Funktion bleibt für den doch recht nüchternen Oberpfälzer, zumindest für den Oberpfälzer Bauern, das Entscheidende. Nur die Schlüsselbleche werden teilweise etwas reicher geformt. Ganz anders im kirchlichen und repräsentativ weltlichen Bereich. Hier werden – wie unsere Reihe zeigt (Abb. S. 42, 43) – die Bänder nicht nur mehr und mehr aufgelöst, sie

Romanisches Türbeschläg am Innenportal von Niedermünster/Regensburg; 2. H. 19. Jh.

erhalten durch Meißelarbeit auch eine zunehmend reichere Binnenzeichnung und bestehen schließlich wie z. B. am Westportal der ehem. Klosterkirche Frauenzell in einem, seine Funktion fast verleugnenden, zierlichen, in vollendeter Abspalt- und Einhautechnik gearbeiteten Rankenwerk (Abb. S. 84).

Analog zur Ausformung der Bänder verläuft natürlich auch die Entwicklung bei Schloß und Schlüssel, Schloßblech und Türgriff, bei Klopfer und Zuggriffen. Nicht nur die Museen, voran das Museum der Stadt Regensburg und das Heimatmuseum Sulzbach, zeigen einen Querschnitt von Schlössern, Vorhängeschlössern und Schlüsseln des 15.–19. Jh.s, auch überall draußen im Lande bewahren gerade die Kirchen – leider z. T. wenig gepflegte – Beispiele schönster Schlosserarbeiten. Kern ist das immer komplizierter werdende, technisch auf die verschiedenste Weise funktionierende Schloß, das sich vom einfachen Sperriegel über das römische Schiebeschloß, die verschiedensten Dreh- und Steckschlösser bis zu unseren heutigen »Sicherheitsschlössern« entwickelte. Erst mit seiner Erfindung verzichtete man völlig auf jede Ausschmückung und Verzierung, die so lange das Aussehen von Schloß und Schlüssel bestimmten. Konzentriert sich die künstlerische Ausgestaltung in der Gotik noch auf das meist recht ausladend konzipierte Schloßblech, das eine reich gearbeitete Schlüsselführung, meist in Geweihform erhält (Abb. S. 80), so entstehen vor allem im Barock prachtvolle Schloßkästen in reichstem Dekor, man denke nur an die Schlösser der Wallfahrtskirchen Kappel (Abb. S. 82), Neukirchen bei Hl. Blut, Katzdorf und Mariaort oder an das Schloß der Berchinger Pfarrkirche (Abb. S. 85). Ebenbürtig zur Seite stehen diesen Schlössern die Schlüsselfelder mit den Türgriffen, die Zugringe und Klopfer. Auch hier wird das ganze Repertoire schmiedetechnischen Könnens einge-

Gotisches Türbeschläg an der Sakristeitüre der Pfarrkirche Hemau

Gotisches Türbeschläg an der Sakristeitüre von St. Wolfgang/Velburg

Barockes Türbeschläg
a) an der Kirchentür der Wallfahrtskirche Katzdorf (um 1725)
b + c) an den Türen im ehem. Gastbau, Waldsassen
d) am Nordportal der Wallfahrtskirche b. Hl. Blut (um 1720)
e) an der Eisentüre der ehem. Abtei, Waldsassen (um 1680)

a)

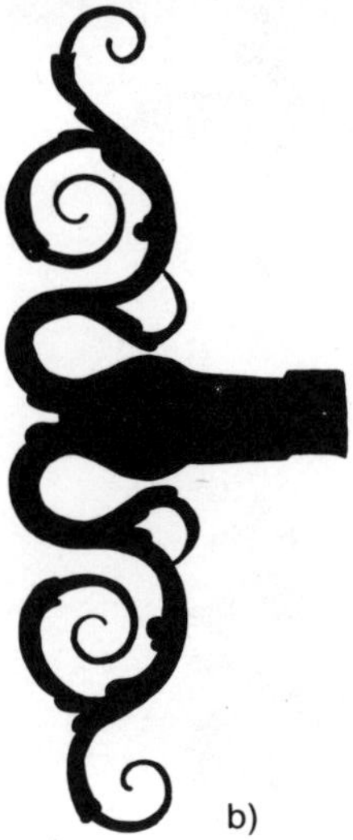

b)

c)

d)

e)

Schlüsselbleche des 18./19. Jh.s; Heimatmuseum Sulzbach-Rosenberg

setzt, um so phantasievolle Gebilde entstehen zu lassen wie etwa das Schlüsselblech der Sakristeitüre in Aufhausen (Abb. S. 91), die Türgriffe in Mariaort und Vilseck oder von Dechbetten/Regensburg mit Jonas und dem Wal (Abb. S. 86). Ein Kapitel für sich sind die Zugringe u. -griffe und die Klopfer, die sich auch in der Oberpfalz seit der Romanik in einer durchgehenden Reihe nachweisen lassen. Sie beginnt mit den einfachen Ringen der Romanik (Pfaffenhofen, Abb. S. 1; Turmtüre Frauenzell), hat einen ersten Höhepunkt im spätgotischen Zugring von St. Wolfgang bei Velburg (Abb. S. 77), bewahrt zwei Beispiele des 16. Jh.s (Cham, ehem. Verließtüre im Rathaus; Amberg, Unteres Apothekergäßchen Nr. 5) und erreicht wie das übrige Beschläg im Barock seine größte Vielfalt und einen besonderen Formenreichtum (u. a. Lintach; Mariaort, Abb. S. 90; Neukirchen b. Hl. Blut; Speinshart, Abb. S. 88; Vilseck; Waldsassen, Abb. S. 87).

Technisch komplizierter als Türschlösser sind häufig die umfangreichen, manchmal den ganzen Deckel füllenden Schlösser, mit denen Truhen, Kästchen und Kassetten vor unbefugtem Öffnen geschützt wurden. Fast immer dienten sie der Aufbewahrung von Kostbarem. Gerade die völlig aus Eisen gefertigten waren oft Kriegskassen, Geldkassetten. Häufig wird die Kassette, ob aus Holz oder Eisen, im Äußeren durch aufgenagelte oder vernietete Bandeisen verstärkt; sie erhält Tragegriffe. Das Schlüsselblech ist – manchmal nur zum Schein, da die wirkliche Schlüsselöffnung versteckt an anderer Stelle sitzt oder mehrere Schlüssel nötig sind – reich gearbeitet, kann, wie bei der Regensburger Kassette aus dem 17. Jh. (Abb. S. 97), fast die ganze Höhe der Vorderseite füllen. Schöne Beispiele für eiserne oder eisenbeschlagene Kästchen und Kassetten besitzen verschiedene Oberpfälzer Museen, aber auch einzelne Rathäuser (Cham, Kötzting).

Schlüssel des 12.–16. Jh.s; Museum der Stadt Regensburg

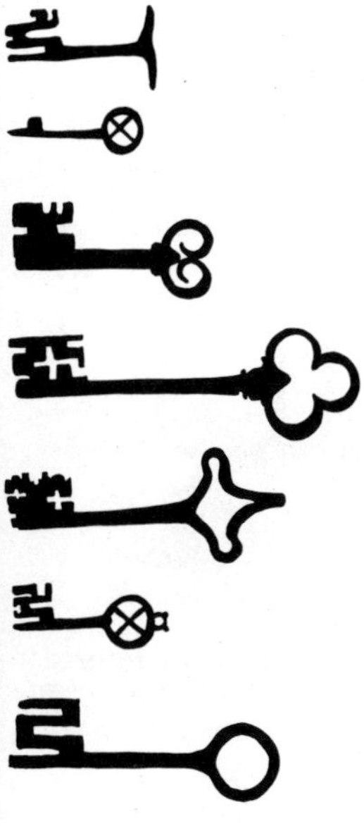

Unbrauchbar aber ist jedes Schloß, jedes verschließbare Kästchen ohne Schlüssel. Er folgt nicht nur wie das Schloß selbst der stilgeschichtlichen Entwicklung der Schmiedekunst vom einfachen Haken über die romanischen und gotischen Drehschlüssel bis zu den Schlüsseln der Renaissance, des Barock und Rokoko, des Klassizismus. Der Schlüssel ist zugleich Symbol des durch ihn zu Erschließenden: die mittelalterliche Stadt wurde dem Feind durch Übergabe der Schlüssel ausgeliefert; vor allem im 16. Jh. war der Schlüsselbund Zeichen der Hausfrauenwürde. Im Volksglauben aber ist der Schlüssel Träger magischer Kraft, dient der Vertreibung von Hexen und Zauberern, von Feuer und Hagel, aber auch zum Auffinden verborgener Schätze.

Das offene Herdfeuer diente nicht nur zum Heizen und Kochen. Es war jahrtausendelang auch die einzige Lichtquelle. Erst mit der Erfindung des Dochtes (aus Werg, gedrehten Wollfäden o. ä.) wurde es möglich, Tran oder Öl in flachen Lampen zu brennen. In der Oberpfalz blieben derartige Öllampen – klein und meist aus Blech hergestellt –, in denen man vor allem Lein- oder Rüböl brannte, auf dem Lande bis ins 18./19. Jh. in Verwendung. In besserer, geschmiedeter Ausführung waren sie bis ins späte 19. Jh. bei den Bergleuten der Amberger und Sulzbacher Eisengruben in Benützung (Abb. S. 105 u. 106). Parallel dazu wurde gerade im bäuerlichen Bereich verhältnismäßig lange Kienspan gebrannt, harzreiche Weichholzspäne, die wenig Licht, dafür um so beizenderen Rauch verbreiteten. (Kienhalter in den Museen Regensburg, Abb. S. 104, und Perschen, Kienlampe in Walderbach, »Leöhout« in Waldsassen).
Die schon den Römern bekannte Wachskerze blieb für den gewöhnlichen Mann lange Zeit unerschwinglich. Noch um 1600 kostete z. B. 1 Pfund Wachs 40 Kronen, und das bei einem Fleischpreis von 4 Kronen pro Pfund! So ist es nicht verwunderlich, daß das Brennen von Wachskerzen auf wenige Bereiche beschränkt war. Weltliche Herren, denen im Mittelalter wie den Klöstern ein Wachszins zustand, haben sicher Kerzen gebrannt. Vor allem aber war die Wachskerze seit frühester Zeit in der christlichen Kirche heimisch, »ebensosehr des Kultes und Schmuckes wegen wie auch wegen des mystischen Sinnes«, wie es noch 1886 im Caeremoniale Episcoporum heißt. Im übrigen wurden bis zur Erfindung des Stearins höchstens die aus Rindertalg hergestellten Unschlittkerzen verwendet.
Schönste Beispiele schmiedeeiserner Leuchter, fast alle aus der Zeit des ausgehenden 17. und beginnenden 18. Jh.s bewahren daher auch in der

Kerzenarm aus Burglengenfeld (um 1700); Museum der Stadt Regensburg

a)

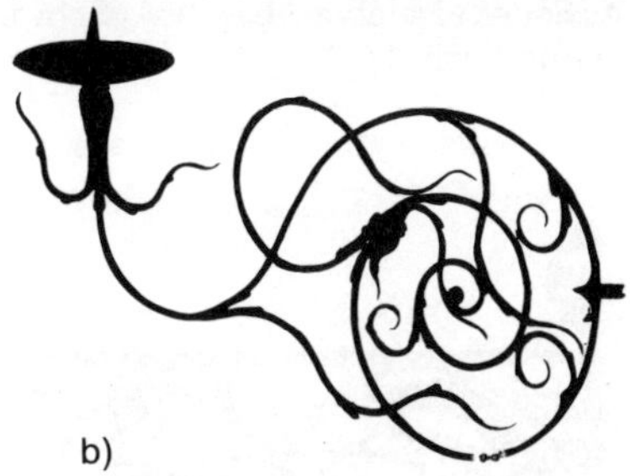
b)

Oberpfalz die Kirchen: einfache Kerzenhalter, wie der Arm aus Burglengenfeld (Abb. S. 46) – jetzt im Museum Regensburg – oder die Halter für die Breitenbrunner Votivkerzen; der kleine Wandarm mit der gemalten Darstellung des hl. Wendelin, den der Hirtenverein 1698 in die Griesstettener Wallfahrtskirche stiftete; oder die verhältnismäßig häufig anzutreffenden Apostelleuchter (Abb. S. 47, S. 107), die von den wenig aufwendigen Beispielen dörflicher Schmiedekunst bis zu den beiden großartigen Wandarmen reichen, die Friedrich Hexemann in einer vollendeten Spirale mit gekonntem Einsatz der Dorntechnik, einem sich an den Ranken festhaltenden Weibchen und drei bärtigen Köpfen für den Chor der Waldsassener Klosterkirche schuf (Abb. S. 47).

c)

Apostelleuchter
a) aus der ehem. Prämonstratenserklosterkirche Speinshart (um 1700)
b) aus der Pfarrkirche in Beidl/Tirschenreuth, 18. Jh.
c) aus der ehem. Abteikirche, Waldsassen, wahrscheinlich von Fr. Hexemann (um 1710)

Ausleger vom ehem. Gasthof »Schwarzer Adler«
in Auerbach, 1781

S. 49: Wirtshausschilder
mit Zunftzeichen
a) am Gasthof »Zum
»Schwan« in Hohenburg
b) am ehem. Gasthof
»Zur Traube« in Freystadt,
Mitte 18. Jh. (Brauer)
c) im Heimatmuseum
Sulzbach-Rosenberg,
19. Jh. (Spengler)
d) an der jetzigen Brauerei
Bruckmayer in Schwarz-
hofen/Neuburg v. W.
(Wagner und Schmiede)

Ausleger am Gasthof »Goldenes Kreuz«
in Beratzhausen (um 1730)

Für Wirtshäuser und Handwerker

a)

b)

c)

d)

Straßennamen und Hausnummern wurden in den meisten Orten erst Ende des 18. Jh.s eingeführt. Bis dahin waren die Hausnamen und ihre bildliche Darstellung an den Häusern die einzige Hilfe, um sich zurechtzufinden. Diese Hauszeichen waren z. T. einfach auf die Mauer gemalt, konnten als Stein- oder Tonreliefs in sie eingelassen sein, oder auch auf einer kleinen Konsole oder in einer Nische plastisch vor der Wand stehen.

Es liegt nahe, daß vor allem die Wirte und Handwerker, die ja besonderen Wert auf Besucher legen mußten, schon immer eifrig in der Kennzeichnung ihrer Häuser waren. Auch in Griechenland und bei den Römern – Pompei bewahrt schöne Beispiele – waren gerade die Gaststätten und Weinschänken, aber auch die Häuser der Handwerker durch einprägsame »sprechende Bildsymbole« hervorgehoben, durch Zeichen, die für alle verständlich, auch dem Analphabeten und dem der Landessprache nicht Mächtigen, als Wegweiser dienen konnten. Schließlich sollte der Fremde schon immer möglichst bald wissen, wo Obdach, Speise und Trank, aber auch bestimmte Dienstleistungen für ihn zu finden waren. So gingen diese Berufszweige schon bald davon ab, ihr Zeichen nur am Haus selbst anzubringen. Sie hängten es an einer Stange möglichst weit hinaus in die Gasse.

Die einfachste Form von Wirtshauszeichen ist in Weinbaugebieten noch heute üblich. »Buschenschänken« und »Straußwirtschaften« zeigen hier durch einen an einer Stange hängenden grünen Buschen aus Tannen-, Fichten- oder Föhrenzweigen, z. T. auch durch einen Strohkranz, daß vorübergehend Eigenbauwein ausgeschenkt wird.

Die eigentlichen Wirtshausschilder mußten haltbarer sein. Es waren zunächst einfache bemalte Holztafeln, die an einem Tragarm mit Stütze (dem Ausleger) befestigt waren. Erst zu Beginn des 16. Jh.s ersetzte

a)

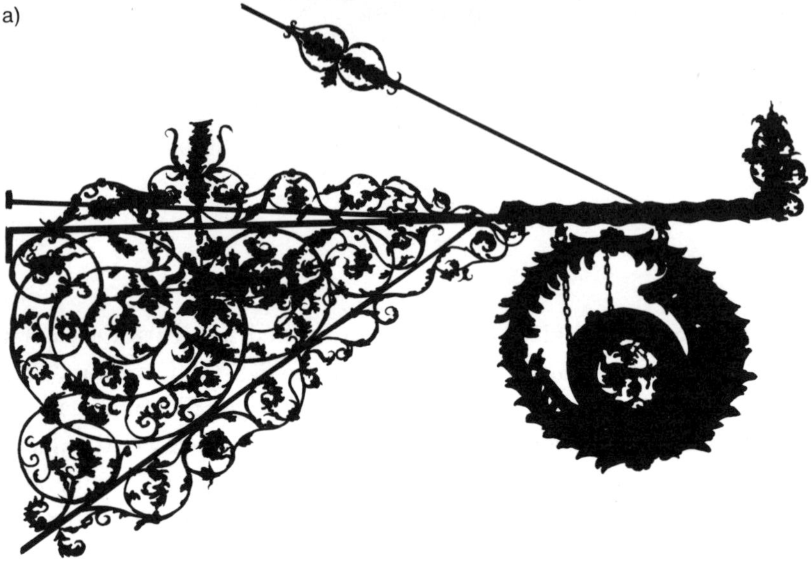

b)

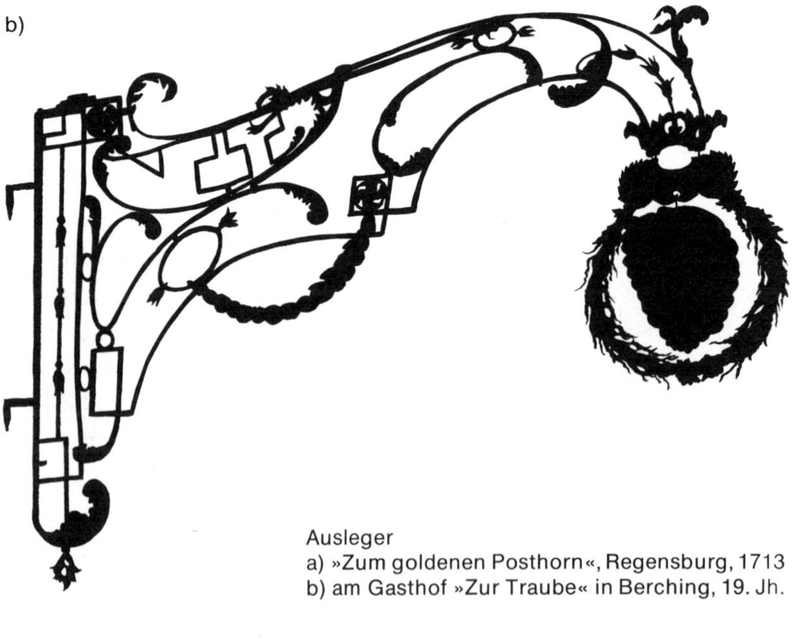

Ausleger
a) »Zum goldenen Posthorn«, Regensburg, 1713
b) am Gasthof »Zur Traube« in Berching, 19. Jh.

Ausleger am Gasthof »Goldener Anker«
in Schmidmühlen (um 1840)

man das Holz durch Eisen. Eine Eisenstange, im Dreieck abgestützt, mit aufgebogenem, z. T. mit einer einfachen Spindelblume geziertem Ende, trägt nun die beidseitig bemalte Blechtafel. Derartig frühe Wirtshausschilder sind in der Oberpfalz allerdings nirgends erhalten. Eines der ältesten Oberpfälzer Schilder dürfte das vielleicht noch aus dem 17. Jh. stammende Berchinger Zeichen zur »Krone« sein, mit einer prächtigen, reich ornamentierten goldenen Krone in einem dichten grünen Kranz von Weinlaub. Die meisten Oberpfälzer Schilder entstanden aber im 18. und frühen 19. Jh., zu einer Zeit, als man ganz offiziell konzessionierte Gastbetriebe und vorübergehenden Ausschank nach ihrem Aushängezeichen unterschied, von Schild- und Straußwirtschaften sprach; als sich zudem die Oberpfälzer Schmiedekunst ohnehin auf einem Höhepunkt befand. Das ganze Können der Schmiede dieser Zeit, dazu die barocke Freude an Formenfülle und Farbe kam den Auslegerarmen und den Schildern, bei denen der Phantasie keine Grenzen gesetzt waren, in ganz besonderem Maß zugute.

a)

Wirtshausschilder mit Tierdarstellungen
a) vom Gasthof »Zum Schwan« in Auerbach, 18. Jh.
b) vom Gasthaus Künneth in Neustadt a. Kulm

Äußerst vielseitig sind die verwendeten Bildsymbole, unter denen Krone (Berching, Kemnath, Lauterhofen, Sulzbach) und Traube (Berching, Freystadt Abb. S. 50, Regensburg) in der Oberpfalz zu den häufigsten gehören. Dazu kommen das Kreuz (Beratzhausen Abb. S. 48, Berching), die Sonne (Holzhammer), die Lilie (Regensburg), das Posthorn (Regensburg Abb. S. 50) und der Engel (Berching); vor allem aber die besonders beliebten Tiere: Hirsch (Hirschau, Hirschwald Abb. S. 53, Schwarzhofen), Adler (Auerbach S. 48) und Schwan (Auerbach Abb. S. 52, Hohenburg); Roter Ochs (Falkenberg) und Weißes Roß (Kemnath Abb. S. 53, Luhe), Hecht Abb. S. 53 und Wal Abb. S. 108 (Regensburg). War das Wirtshaus Treffpunkt einer bestimmten Zunft, so kamen dazu noch einzelne Zunftembleme, wie es z. B. das Freystädter Schild am ehemaligen Gasthof »Zur Traube« mit seinem Brauerzeichen (Abb. S. 49) oder das Hohenburger Bannerschild mit den verschiedensten Zunftzeichen am Gasthaus »Schwan« (Abb. S. 49) so besonders schön zeigen. Gerade die Schmiede und Wagner – neben den Schlossern übrigens die einzigen Oberpfälzer Handwerker, die vereinzelt an ihren eigenen Häusern noch schmiedeeiserne Schilder hängen haben (Berching, Hemau Abb. S. 24) – fügten ihre Zeichen (Hufeisen,

b)

Wirtshausschilder mit Tierdarstellungen
a) vom Gasthof »Weißes Roß« in Kemnath
b) vom Gasthaus »Zum Hirschen« in Hirschwald/Amberg (um 1720)
c) »Zum blauen Hecht« in Regensburg

Rad) nicht nur so manchem Gasthausschild bei. Sie schufen auch, wie in Schwarzhofen (Abb. S. 49, 109) oder Beratzhausen Abb. S. 24 für das von ihnen bevorzugte Wirtshaus ganze Auslegerarme.
So geben die Wirtshauszeichen in ihrer farbenfrohen Pracht (leider sind nicht alle Schilder in der Oberpfalz so gut gehalten wie sie es verdienen würden!) einen besonders liebenswürdigen Querschnitt durch die Schmiedekunst einer ganzen Epoche: vom einfachen tordierten Arm mit Blechschnitt-Bannerschild (Neustadt a. Kulm, Gasthof Künneth Abb. S. 52) über den in reichsten Akanthusspiralen gearbeiteten, 1713 entstandenen Ausleger »Zum Goldenen Posthorn« (Regensburg Abb. S. 50); das im Ausleger schon Bandlwerk verwendete, im Blechschnittsbild den Hirsch zeigende Wirtshauszeichen von Hirschwald (um 1720) Abb. S. 53); das hochbarocke Beratzhausener »Goldene Kreuz« (1730) Abb. S. 48; bis zu den beiden Auerbacher Schildern, die schönstes Rokoko verkörpern (»Schwarzer Adler« Abb. S. 48, »Schwan« Abb. S. 52); das 1790 entstandene, besonders phantasievolle Schild »Zum Walfisch« in Regensburg, das Jonas bei seinem Sprung aus dem Wal zeigt (Abb. S. 108); und bis zu dem in reinem Klassizismus gearbeiteten, prächtigen Ausleger, den Schlossermeister Böhm 1840 für den »Goldenen Anker« in Schmidmühlen schuf (Abb. S. 51).

Fenstergitter
a) der Wallfahrtskirche Heilbrünnl/Roding
b) der ehem. Abteikirche Waldsassen (um 1700)
c) des ehem. Benediktinerklosters Michelfeld, 18. Jh.

a)

b)

c)

Der Romanik war, zumindest in der Oberpfalz, das schmiedeeiserne Gitter fremd. Erst mit der Gotik und der Verwendung der Dorntechnik entstehen erste Gitter, Schutz und Zierde zugleich: nach 1350 der dachartige Aufbau über dem Hochgrab des hl. Wolfgang in St. Emmeram, Regensburg, bei dem die sich durchstoßenden Stäbe einfache Rechtecke bilden; im 15. Jh. die vor allem im Raum Regensburg – Neumarkt verhältnismäßig oft anzutreffenden, z. T. gerauteten Gittertürchen an den Sakramentsnischen der Kirchen. Sie sind häufig, wie z. B. in Burgweinting (Abb. S. 110) oder Rogging bei Regensburg eingebunden in eine krabbenbesetzte, wimperggekrönte steinerne Rahmung, auch mit Blechrosen verziert (z. B. Oberweiling, Rogging) oder, wie das besonders schöne, vergoldete Gitter im Regensburger Dom, Mittelpunkt eines ragenden Sakramentshäuschens.
Auch die Gitter, die die Stadt Regensburg 1592, bzw. im frühen 17. Jh. für die steinernen Tröge ihrer Brunnen fertigen ließ, zeigen im unteren Teil noch das einfache, technisch aber vollendete Rautenmuster. Im oberen Drittel jedoch taucht bereits die Spirale auf, die sich zu einem Charakteristikum der Schmiedekunst des 17. Jh.s entwickelt und als Grundform in vielfältigsten Abwandlungen bis ins 18. Jh. wirksam bleibt.
Da die 1. Hälfte des 17. Jh.s den politischen Umständen zufolge ganz allgemein verarmt, vergehen fast 90 Jahre – sieht man vom Brunnengitter des Lerchenfelder Hofes in Regensburg und dem Gitter der sog. Fürstentreppe im Regensburger Rathaus ab –, bis in der Oberpfalz wieder geschmiedete Gitter greifbar sind. Sie finden sich im Stiftland, das unter dem Einfluß des hochstehenden Könnens der Waldsassener Klosterschmiede in den Jahrzehnten um 1700 eine Blüte des Handwerks erlebt. Tirschenreuth besitzt mit dem MS 1678 bezeichneten

a) Oberlichtgitter am Rathausportal von Hohenburg, 18. Jh.
b) Türe eines Hofzauns in Eltheim/Donau, 19. Jh.
c) Fenstergitter des ehem. Benediktinerklosters Ensdorf, frühes 18. Jh.

a)

b)

c)

Gitter vor dem Ölberg die erste größere Arbeit, Mitterhof/Waldsassen mit seinem Kapellengitter von 1688 die zweite. Dazwischen schuf der Amberger Schlosser Lampl 1679 ein Gitter für St. Emmeram in Regensburg, das die Spirale schon mit selbstverständlicher Sicherheit einsetzt (Abb. S. 58). Lampl, bei dem die Abspaltungen und Treffpunkte der einzelnen Rundstäbe bereits Verdickungen zeigen, verläßt damit ein Grundprinzip der Renaissance, die beim Gitter nur die gleichbleibende Stärke des Eisenstabes tolerierte. Parallel mit diesen Schwellungen verdicken sich, was Lampl allerdings noch vermeidet, auch die Spiralenden. Es entstehen sog. Keulenschwünge oder Knoppern. Zunehmende Binnenzeichnung, wie sie mit der mehr und mehr sich durchsetzenden Einhautechnik verbunden ist, formt auch die Knoppern um, die sich allmählich zum Blatt, zum Akanthusblatt entwickeln. Eines der schönsten Beispiele, zugleich ein außergewöhnlich frühes, für die Verwendung des Akanthus ist das 1695 entstandene Gitter am Eingangsbogen zur Veitskapelle in der Stiftskirche U. L. Frau zur Alten Kapelle am Regensburger Kornmarkt (Abb. S. 115). Obwohl das Akanthusblatt bis in den Hochbarock immer wieder auftritt – das schöne Fenstergitter der Walderbacher Prälatur aus der 2. Hälfte des 17. Jh.s (Abb. S. 114) darf nicht vergessen werden – ist diesem Regensburger Gitter in seiner voll erblühten Akanthuspracht in der ganzen Oberpfalz nichts ebenbürtig an die Seite zu stellen.
Die beiden zeitlich folgenden Großgitter, das 1699 von dem Breisacher Schlossergesellen Joh. Franz Eberhard für die Amberger Schulkirche geschaffene Gitter (Abb. S. 58) und das etwa um die gleiche Zeit, vielleicht auch etwas früher entstandene Abschlußgitter in Speinshart wirken dagegen wesentlich älter. Gerade Speinshart verzichtet bei reicher Binnenzeichnung und schönster Meißelarbeit auf den breiten Rah-

Detail aus
a) dem Ganggitter im zweiten Stock der ehem. Abtei, Waldsassen; wahrscheinlich von Fr. Hexemann (um 1700)
b) dem Gitter der ehem. Gruftkapelle in der Schloßkirche von Köfering (um 1718)
c) dem Abschlußgitter der Wallfahrtskirche Freystadt, 1725 von J. K. Kölbich

menbändern noch völlig auf jede Betonung der Spiralendungen (Abb. S. 58), während sich am Eberhardschen Gitter, zumindest in den ausgewogen schönen Spiralen der Bekrönung (Abb. S. 2), zartes Blattwerk zu bilden beginnt. Voll ausgebildet, beim Speinsharter Gitter noch reicher und gekonnter, für den Gesamteindruck auch wichtiger, sind die Spindelblumen. Betont wird bei beiden Gittern die Mitte: in Speinshart verhältnismäßig zurückhaltend mit einem farbig gefaßten doppelköpfigen Adler und dem von einem Flammenkranz umgebenen IHS in Blechschnitt (Abb. S. 57); beim im ganzen beschwingteren Amberger Gitter mit einer Blumenvase von wahrhaft barocker Fülle über einer Darstellung des schmerzhaften Herzens. Dazu bringt Eberhard als erster die für die Gitter dieser Zeit charakteristischen kleinen, nahezu vollplastischen Figuren: als Zuggriff am Schloß; eingebunden in das Gerank, an dem sie sich festhalten; mit Schlüssel und Hammer als Mittelpunkt der großen krönenden Spiralen.

Überraschend ähnlich, sowohl in der Gesamtkonzeption wie in der Ausführung der Details, wenn auch im ganzen etwas bescheidener, ist das etwas später (um 1710?) entstandene Gitter der ehemaligen Klosterkirche Michelfeld. Da als Baumeister beider Kirchen, sowohl der Amberger Schulkirche wie der Michelfelder Klosterkirche, Wolfgang Dientzenhofer tätig war, ist es nicht abwegig, daran zu denken, daß Eberhard auch für das Michelfelder Gitter zugezogen wurde. Nicht nur die Spiralen mit den nur wenig entwickelten Akanthusblättchen sprechen seine Sprache. Auffallend ähnlich sind auch die Figürchen, die nun etwas größer geratenen Engel mit ihren Palmwedeln, die großen und die kleinen geflügelten Köpfe, die nun farbig gefaßt, z. T. wie die Akanthen vergoldet sind (Titelbild).

Sehr eigenständig sind die Waldsassener Gitter: das Abschlußgitter in

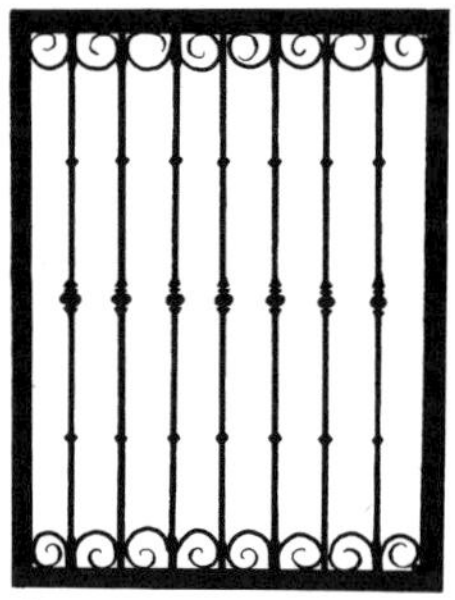
a)

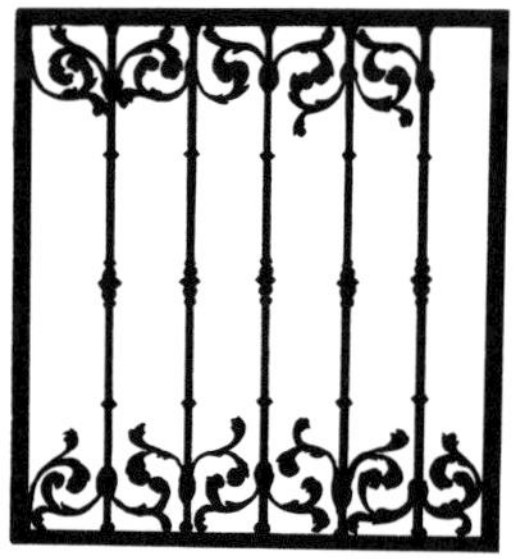
b)

c)

Detail aus

a) dem Abschlußgitter der ehem. Prämonstratenser-klosterkirche, Speinshart, Ende 17. Jh.

b) dem ehem. Abschlußgitter der Wallfahrtskirche Maria Schnee in Aufhausen, 18. Jh.

c) der Gittertüre vor dem Eingang der Schloßkirche von Köfering, 18. Jh.

a)

b)

c)

d)

Detail aus
a) dem Abschlußgitter in St. Emmeram/Regensburg; Seitenteil von Lampl, 1679
b) dem Abschlußgitter der Schulkirche in Amberg; Mittelteil von J. F. Eberhard, 1699
c) dem Abschlußgitter der nordwestl. Seitenkapelle in der Wallfahrtskirche Aufhausen (um 1700;?)
d) dem Abschlußgitter der ehem. Prämonstratenserklosterkirche Speinshart, Ende 17. Jh.

der Kirche und die beiden Ganggitter in der ehemaligen Abtei (Abb. S. 56, 60, 117). Sie werden alle drei auf die Zeit um 1700 datiert und Friedrich Hexemann zugeschrieben, was eine außergewöhnliche Wandlungsfähigkeit dieses Meisters bedeuten würde. Zwar verzichten alle drei Gitter noch völlig auf die Ausbildung von Akanthen, im ganzen gesehen aber zeigen sie doch nicht zu übersehende Unterschiede. Das Kirchengitter versucht sich mit eichelförmigen Ausschmiedungen der Spiralenden und verwendet in einigen Feldern eine ganz ungewöhnliche Mischung von sich überkreuzenden Flacheisenbändern mit dazwischengesetzten stark stilisierten Blumen (Abb. S. 60). Die beiden Ganggitter sind reine Spiralgitter, nur im Mittelteil mit zart gehaltenem Gestäbe und Balusterverzierungen. Vor allem für das besonders leicht hingeschriebene Gitter im 2. Stock sind die frei auslaufenden, die Spiralen durchstoßenden »Spieße« charakteristisch, die in Ansätzen auch schon beim Kirchengitter auftreten.

Gegenüber den Waldsassener Gittern zeigt das kleine, aber delikate Gitter der ehemaligen Gruftkapelle in der Schloßkirche von Köfering (Abb. S. 120), gegen 1718 entstanden, den frühen Barock in der Oberpfälzer Eisenkunst auf einem Höhepunkt. Es ist eines der letzten, bei dem die Spirale noch das Feld beherrscht. Aber sie wird zum Hintergrund, zum reinen Träger des ausufernden Laubwerks. Eingebunden sind kleine Schneckenspiralen, Köpfe und Masken, vollplastische, im Blattwerk halb verhüllte Weibchen. Diffizile Meißelarbeit vervollkommnet das Bild.

Mit dem wenige Jahre später, 1725, von dem Freystädter Schlosser Joh. Konrad Kölbich geschaffenen Abschlußgitter für den Viscardibau der Wallfahrtskirche Mariahilf in Freystadt, hat sich bereits der »Bandlwerkstil« des Barock mit seinen charakteristischen breitge-

a + b) Detail aus dem Abschlußgitter der ehem. Abteikirche, Waldsassen, von Fr. Hexemann (um 1700)
c) Detail aus dem Ganggitter im 2. Stock der ehem. Abtei, Waldsassen, wahrscheinlich von Fr. Hexemann (um 1700)

schlagenen Hakenschnörkeln, den C- und S-Bügeln durchgesetzt (Abb. S. 61). Masken und Figürchen gehören noch immer dazu. Das Gestäbe des Mittelfeldes aber wird in einer Art Horror vacui fast völlig mit einfachen Ranken gefüllt.

a)

Die nun folgende Zeit des hohen Barock und des beginnenden Rokoko ist auch in der Oberpfalz besonders fruchtbar. In einem knappen Dutzend Jahren entstehen bis 1737 mindestens 8 größere datierte Gitter, darunter 1726 das Gitter am inneren Nordportal der Alten Kapelle in Regensburg und das Kapellengitter in Fuchsmühl; um 1730 das Chorgitter von St. Anna bei Sulzbach-Rosenberg, das Gitter an der Ramwoldskrypta von St. Emmeram, Regensburg, das Oratoriumgitter in Arnschwang, das Abschlußgitter von St. Martin in Amberg und, 1737, das Mittelstück des Abschlußgitters von St. Emmeram in Regensburg. Auffallend ist gerade bei diesen Gittern die ungeheuere Formfülle, das Nebeneinander der verschiedensten Gestaltungsmöglichkeiten.

b)

So greift z. B. das von Hans Wotschak gearbeitete Chorgitter der Wallfahrtskirche auf dem Annaberg bei Sulzbach mit seinem Balustergestäbe und den einfachen Rundstäben mit dem aufgesetzten Blattwerk in der Bekrönung wieder auf älteres Formengut zurück. Gleichzeitig aber bestechen die unteren Gitterfelder in ihrer formalen Ausgewogenheit und einer schon fast rokokohaften Leichtigkeit der Gestaltung (Abb. S. 61).

Völlig dem hohen Barock verhaftet sind dagegen das Gitter am Oratorium der Pfarrkirche Arnschwang (Abb. S. 118) und die Gittertür des David Nordmann für St. Emmeram in Regensburg (Abb. S. 119). Vergessen sind Spirale und Rundstab; kantige, z. T. stark dimensionierte Eisenstäbe, ausgeschmiedet zu den verschiedensten Stärken und Querschnitten, bestimmen das Bild, das besonders bei Nordmann in seiner

c)

Detail aus
a) dem Abschlußgitter in der Wallfahrtskirche Freystadt, von J. K. Kölbich, 1725
b) dem Chorgitter der Wallfahrtskirche St. Anna/ Sulzbach-Rosenberg, von Hans Wotschak (um 1730)
c) dem Gitter im Durchgang zur Sakristei der Abtei Plankstetten

a)

b)

c)

Dreidimensionalität eine geradezu massige Wucht erreicht. Auffallend ist nun auch die Betonung der Anschlagleisten und der Querabschlüsse; vorherrschend noch immer der C-Bügel, die aufgesetzten Blüten und die immer kräftiger werdenden Blätter. In diesem Gitter Nordmanns besitzt Regensburg wieder einmal, wie schon mit dem Akanthusgitter in der Alten Kapelle, ein Werk, das in seiner hochgezüchteten Form nicht mehr zu überbieten ist.

Der fast erdrückenden Fülle des Nordmannschen Gitters stehen jene Gitter des 18. Jh.s gegenüber, vor allem auch die Oberlichten dieser Zeit, in denen sich die Elemente des Rokoko durchsetzen (Plankstetten, Schulkirche Amberg, Wallfahrtskirche Fahrenberg etc.) und für die eine mehr malerische Auffassung, zunehmende Leichtigkeit und die Verwendung von Muschelwerk, Palmetten, schilfartig schmalem Akanthus und Rocailleformen typisch sind.

Einen grundlegenden Wandel brachte, wieder von Regensburg ausgehend, das späte 18. Jh. mit seinem Streben nach Klarheit. 1790/93 entstehen hier für das Treppenhaus und vor allem für die Fenster der Gartenfront von Stift Obermünster die ersten klassizistischen, vom französischen Empire beeinflußten Gitter der Oberpfalz. Man kehrt zurück zur Einfachheit geometrischer Muster: Rauten, Ovale, Kreise, Mäander; dazwischen Lorbeerkränze und Wirbelrosen.

Kleinere Arbeiten entstehen auch noch in den Jahren nach 1800 (Gitterzäune in Friesheim, Geisling und Eltheim/Donau (Abb. S. 55); Altane am Regierungsgebäude, Emmeramsplatz Regensburg) und selbst der Historismus bringt, wie z. B. mit dem Gitter der Willmannschule (1899) in Amberg, vereinzelt zumindest handwerklich Gutes. Im ganzen gesehen aber ist mit dem Klassizismus die Zeit der Schmiedeeisengitter vorbei.

Verschiedene archaische Kulturen lehnen die Verwendung von Eisen wegen seiner »gefährlichen Natur« bei Kulthandlungen völlig ab. So wurde häufig die sakrale Tötung von Tieren noch mit Steinmessern vorgenommen, als diese sonst schon längst nicht mehr in Gebrauch waren. Gleichzeitig wird aber bei vielen Naturvölkern auch die positive, segensreiche Kraft des Eisens betont. Man stellt es sich z. B. wie bei den Batak auf Sumatra voll »tondi« (= Lebenskraft) vor.
Auch im Volksglauben unseres Kulturkreises spielt das Eisen eine besondere Rolle. Seit dem Mittelalter ist der Hahn auf der Kirchturmspitze aus Eisen: die symbolträchtige Widerstandsfähigkeit des Materials Eisen verbindet sich mit dem Hahn als Sinnbild des Lichtes und des Feuers, aber auch der Wachsamkeit, zu einem Zeichen des Schutzes. Geweihte eiserne Gegenstände wurden häufig als unheilabwehrend, als schutz- und segenbringend unter Türschwellen vergraben, in Dachbalken verborgen, in Futtertröge eingemauert. Hinzu kommt vor allem im Bereich der südöstlichen Alpenländer und Bayerns die Verwendung des Eisens für Votivgaben: Pflugschar und Hufeisen in der Kirche dargebracht, symbolisieren bäuerliche Anliegen; menschliche Gestalten und Gliedmaßen die Bitte um Heilung; der Schlüssel als Geburtssymbol ebenso wie Hammer und Kröte den Wunsch um Kindersegen. Eiserne Ringe am Wallfahrtsort um kranke Stellen gelegt sollten Heilung z. B. bei Kopfweh bringen. Fesseln wurden geopfert nicht nur um Hilfe aus Gefangenschaft im eigentlichen Sinn zu erwirken, sondern auch als Bitte um Befreiung von Irrsinn und Tobsucht. Zuständig hierfür war im hohen Mittelalter vor allem der hl. Leonhard als Patron der Gefangenen und Verfolgten. Gerade seine Wallfahrtsstätten wurden zu bevorzugten Stellen für die Darbringung von Eisenopfern und Eisenvotiven. Da St. Leonhard vom 17. Jh. an zugleich mehr und mehr

Feldkreuz bei Perschen

b)

a)

a) Votivtiere aus der Wallfahrtskirche St. Leonhard in Hetzenbach/Roding und b) aus der Wallfahrtskirche Neukirchen b. Hl. Blut

als Patron der Haustiere angesehen, er zum Viehheiligen schlechthin wurde, sind die Eisenvotive besonders häufig – in der Oberpfalz ausschließlich – Tiere: Pferde, Kühe, Schweine, Schafe und Ziegen. Sie wurden in der Dorfschmiede entweder voll ausgeschmiedet oder erhielten wie die aus flachem Metall geformten Oberpfälzer Tiere, Beine und Hörner oder Ohren eingesetzt.

Bekannt sind derartige Eisentiere in der Oberpfalz nahezu ausschließlich von Leonhardi-Wallfahrtskirchen wie Hetzenbach, Penk, Pettenreuth, Seebarn und Wilting. In den letzten Jahren wurden auch in Neukirchen bei Hl. Blut in einer Kiste auf dem Kirchenspeicher z. T. beschädigte Eisentiere gefunden, alle dem Oberpfälzer Typus entsprechend mit flachem Körper und eingesetzten, durchgesteckten Beinen und Hörnern oder Ohren, z. T. mit gedrehtem Schwanz. Der Brauch der Opferung von eisernen Haustieren, der in der Oberpfalz sicher nicht weiter als bis ins 18. Jh. zurückreicht, ist nur in Hetzenbach/Roding noch heute üblich. Hier legen die Bauern am 6. November, dem Leonharditag, bei einer Art Umgang auf dem Seitenaltar eiserne Tiere nieder, die aber nun im Gegensatz zu früher, wo sie beim Schmied bestellt und gekauft wurden, aus dem Bestand der Wallfahrtskirche ausgeliehen werden.

Wetterfahne auf einer Scheune in Hörwalting

Schmiedeeisenkreuz aus dem Friedhof in Beidl/Tirschenreuth

Die Schmiedeeisenkreuze sind das einzige Teilgebiet der Oberpfälzer Schmiedekunst, das bisher durch eine eigene Monographie gewürdigt wurde. Was den Bestand an Schmiedeeisenkreuzen in der Oberpfalz angeht, kann daher auf die Arbeiten von A. Bergmann (Kallmünz 1970 und 1972) verwiesen werden, auch wenn schon 1976/77 festgestellt werden mußte, daß erneut einiges verloren ging. Andererseits nimmt offensichtlich das Interesse an diesem Zweig der Schmiedeeisenkunst auch in der Oberpfalz zu. Verschiedenes wurde renoviert, in manchen Friedhöfen wird gerade das Aufstellen von Schmiedeeisenkreuzen besonders gepflegt und gefördert.

Durch die Anlage von »Schmiedeeisenfriedhöfen« wie in Dietkirchen, Habsberg (Abb. S. 100), Wiesent etc., und die mit diesem Sammeln verbundenen räumlichen Verschiebungen, wird es allerdings zunehmend schwierig, einen Überblick über den ursprünglichen lokalen Bestand und die zeitliche Entwicklung zu gewinnen. In Dietkirchen z. B. dürfte etwa ein Drittel der derzeit aufgestellten rund 170 Kreuze nicht aus der Oberpfalz stammen. Hier sind vor allem Arbeiten aus dem Raum Ingolstadt – auch das großartige »Priesterkreuz« kommt von dort –, aus Österreich und Südtirol stark vertreten. Zusätzlich erschwert, z. T. fragwürdig aber wird die Datierung durch das gerade in der Volkskunst immer festzustellende Verschleppen einzelner Stilmerkmale, das eigenwillige Festhalten an Überkommenem bei gleichzeitigem Aufnehmen von Neuerungen. Nur so wird aber auch die ungeheuere Formenfülle möglich, die es schwierig, wenn nicht unmöglich macht, zwei wirklich gleiche alte Kreuze zu finden, und das auf einem Gebiet, das einst Domäne der Dorfschmiede war.

Mittelpunkt fast aller, vor allem der frühen Kreuze ist der Schnittpunkt von senkrechtem und waagrechtem Kreuzesstamm. Von hier aus, wo

Schmiedeeisenkreuz aus dem Friedhof in
a) Wiesent
b) Dietkirchen/Neumarkt
c) Lintach/Amberg

d) Neustadt/Waldnaab
e) Bautzhausen
f) Chammünster

bis zum einsetzenden Bandlwerk des 18. Jh.s auf einer Blechtafel oder im »Namenskastl« der Name des Verstorbenen steht, entwickelt sich das Ornament aus Rund- oder Flacheisenstäben, von Akanthen und Rocaillen. Selbst der senkrechte Träger, im Steinsockel mit 1–4 Verstrebungen mit Blei vergossen, z. T. nach rückwärts zusätzlich durch einen Stab abgestützt, wird durch tordieren und stauchen, den Ansatz von Rocaillen, in die Gesamtkomposition mit einbezogen. Dächer aus Blech können das Kreuz schützen. Hinzu kommen die verschiedensten Blechschnittfiguren, der siegreiche Auferstandene mit der Fahne, Engel, der Gekreuzigte mit oder ohne Assistenzfiguren. »Totenkrone« und »Totenuhr«, wie sie z. B. auf dem auch sonst aus dem Rahmen fallenden, aus dem 18. Jh. stammenden Kreuz in Fuhrn/Neunburg v. W. gemeinsam auftreten, kommen vor allem im Raum östlich von Regensburg häufiger vor.

Sicher nicht immer dem ursprünglichen Aussehen entspricht jedoch die heute so verbreitete »eisenfarbige« Lackierung, die die Kreuze vor allem ornamental wirken läßt. In vielen Fällen darf primär eine blühende Farbigkeit angenommen werden: Volkskunst hat sich ja nie vor der Farbe gefürchtet. Zumindest die Blüten und Ranken waren farbig betont, und die Blechschnittfiguren mit ihrem zum Teil stark vereinfachten Umriß verlangen eigentlich ohnehin gebieterisch nach einer Bemalung. Ursprünglich erhaltene Beispiele, wie sie z. B. österreichische Museen besitzen (Heimathaus Ried, Heimathaus Braunau etc.) geben eine Vorstellung von dieser Farbigkeit, die sicher nicht auf das Innviertel beschränkt war und die in der Oberpfalz bei den restaurierten Kreuzen in Chammünster am einleuchtendsten wiedergewonnen wurde.

a)

b)

Schmiedeeisenkreuz
aus dem Friedhof in
a) Wiesent
b) Chammünster

Literatur

Abel, Wilhelm (Mitautor): in: Das Handwerk in der modernen Wirtschaft und Gesellschaft. München 1966.

Agricola, Georgius: De re metallica. Basel 1556.

Agricola, Georgius: Zwölf Bücher vom Berg- und Hüttenwesen. Neuauflage Berlin 1928.

Amann, Jost: Stände und Handwerker. Frankfurt 1568.

Batzl, Heribert: Eisenhämmer in Amberg. In: Oberpfälzer Heimat, Bd. 8/1963.

Baur-Heinold, Margarete: Geschmiedetes Eisen. Königstein 1963.

Baur-Heinold, Margarete: Schmiedeeisen. München 1977.

Beck, L.: Geschichte des Eisens. Braunschweig 1884.

Bergmann, A.: Die Schmiedekreuze der Ostoberpfalz. Kallmünz 1970.

Bergmann, A.: Die Schmiedekreuze der Oberpfalz, 2. u. 3. Teil. Kallmünz 1972.

Berlepsch, H. A.: Chronik der Gewerke. Bd. 7: Chronik der Feuerarbeiter. Osnabrück 1966.

Blanc, L.: Le fer forgé en France, Paris 1930.

Braun-Feldweg, Wilhelm: Schmiedeeisen und Leichtmetall am Bau. Ravensburg 1960.

Brüning, A.: Die Schmiedekunst. Leipzig 1902.

Carnat, G.: Das Hufeisen. 1953.

Creux, René: Schilder vor dem Himmel. Lausanne 1962.

Dittmann, Karl: Der Schmied. Bd. 1 u. 2. Leipzig 1956–58.

Duesing, Fr. W. und Stodt, A.: Freiformschmieden. Teil 1 u. 2. 1950, 1954.

100 Jahre Eisenwerk-Gesellschaft Maximilianshütte. Sulzbach-Rosenberg 1953.

Egger, Gerhard: Beschläge und Schlösser an alten Möbeln. München 1973.

Eliade, Mircea: Schmiede und Alchimisten. Stuttgart 1960.

Erga, Klaus: Das Ruhrgebiet des Mittelalters. In: Oberpfälzer Heimat, Bd. 5/1960.

Färber, Conrad Maria: Regensburger Handwerk. Regensburg 1966.

Ffoulkes, Ch.: Decorative Ironwork. London 1913.

Gemeiner, K. Th.: Reichsstadt Regensburgische Chronik. Regensburg 1900.

Gerstenhöfer, R.: Eisenhammer Theuern. In: Oberpfälzer Heimat, Bd. 8/1962.

Giurescu, Dinu C. und Panoiu, Andrei: Feronerie Veche Romaneasca. Bukarest 1967.

Göring, Hermann: Strukturwandlungen im Huf- u. Wagenschmiedehandwerk. Göttingen 1965.
Grüninger, Christian: Berufskunde für Schmiede. Stuttgart 1954.
Hafner-Alteneck, J. H.: Eisenwerke. Frankfurt 1885.
Hager, Georg (Hrsg.): Die Kunstdenkmäler von Bayern, Kreis Oberpfalz. München 1905–14.
Haller, Hans W.: Handbuch des Schmiedens. München 1971.
Heimpel, Hermann: Das Gewerbe der Stadt Regensburg im Mittelalter. Stuttgart 1926.
Heller, Franz Friedrich: Lob des Eisens. Düsseldorf 1965.
Höver, Otto: Das Eisenwerk. Tübingen 1953.
Johannsen, O.: Geschichte des Eisen. Düsseldorf 1953.
Kastner, Otfried: Handgeschmiedet. Linz 1967.
Kastner, Otfried: Schmiedekunst im Barock. Linz 1971.
Knauer, Heinrich: Der Bergbau zu Amberg in der Oberpfalz. Amberg 1913.
Krauß, A.: Eisenhämmer in Weiden. In: Oberpfälzer Heimat, Bd. 7/1962.
Krauß, A.: Weidens Eisenhandel. In: Oberpfälzer Heimat, Bd. 6/1961.
Kriss, Rudolf: Volksglaube in Europa. Bd. I: Eisenopfer. München 1957.
Kriss-Rettenbeck, Lenz: Bilder und Zeichen religiösen Volksglaubens. München 1971.
Kühn, Fritz: Geschmiedetes Eisen. Tübingen 1962.
Kühn, Fritz: Geschmiedetes Gerät. Tübingen 1963.
Kühn, Fritz: Stahlgestaltung. Tübingen 1959.
Leonhard, Walter: Schöne alte Wirtshausschilder. München 1977.
Deutsches Leben in der Vergangenheit in Bildern. Monographien zur dt. Kulturgeschichte. Jena 1909.
Lecoq, Raymond: Ferronnerie ancienne. Paris 1961.
Lutz, J.: Die ehem. Eisenhämmer und Hüttenwerke und die Waldentwicklung im nordöstlichen Bayern. In: Mitteilungen aus der Forstwissenschaft. Jg. 12. Hannover 1941.
Mahlberg, P.: Kultur in Eisen. 1938.
Mummenhoff, Ernst: Der Handwerker in der dt. Vergangenheit. Leipzig 1901.
Nabl, Franz: Schmiedeeisen. Königstein 1940.
Neumann, Bernhard: Die ältesten Verfahren der Erzeugung technischen Eisens . . . Berlin 1954.
Oberpfälzer Heimatbuch. Kallmünz 1950.
Odenhausen, H.: Grabkreuze aus Eisen und Stahl. Tübingen 1962.

Otto, Eduard: Das deutsche Handwerk in seiner kulturgeschichtlichen Entwicklung. Leipzig 1913.
Pankofer, Heinrich: Schlüssel und Schloß. München 1974.
Pedrini, A.: Il ferro battuto. Mailand 1929.
Perlinger, W.: Alte Hufeisen . . . In: Oberpfälzer Heimat, Bd. 10/1964.
Phleps, H.: Schmiedekunst. 1935.
Potthoff, O. D.: Kulturgeschichte des deutschen Handwerks. Hamburg 1938.
Prochnow, D.: Schönheit von Schloß, Schlüssel, Beschlag. Ratingen 1966.
Proesler, Hans: Das gesamtdeutsche Handwerk im Spiegel der Reichsgesetzgebung von 1530 bis 1806. Berlin 1954.
Quellmalz, Werner und Wilsdorf, Helmut: Bergwerke und Hüttenanlagen der Agricola-Zeit. Berlin 1971.
Regler, O.: Hammereinigung von 1387. In: Oberpfälzer Heimat, Bd. 12/1966.
Ress, Franz Michael: Bauten, Denkmäler und Stiftungen deutscher Eisenhüttenleute. Düsseldorf 1960.
Ress, Franz Michael: Der Eisenhandel der Oberpfalz in alter Zeit. München 1951.
Ress, Franz Michael: Geschichte und wirtschaftliche Bedeutung der Oberpfälzer Eisenindustrie von den Anfängen bis zur Zeit des 30jährigen Krieges. In: Verhandlungen des Hist. Vereins von Oberpfalz und Regensburg. Regensburg 1950.
Ress, Franz Michael: Die Oberpfälzischen Hammereinigungen von 1341–1626. In: Zeitschrift für Handelswissenschaftl. Forschung. Köln 1950.
Ress, Franz Michael: Unternehmungen, Unternehmer und Arbeiter im Eisenerzbergbau und in der Eisenverhüttung der Oberpfalz von 1300 bis um 1630. In: Schmollers Jahrbuch für Gesetzgebung, Verwaltung und Volkswirtschaft. Berlin 1954.
Reitzenstein, A. Frh. v.: Der Waffenschmied. München 1964.
Rößle, Karl: Das bayerische Handwerk. München 1950.
Scheel, H.: Schmiede- und Schlosserarbeiten. 2 Bde., 1964, 1965.
Schlegel, F. W.: Kulturgeschichte der Türschlösser. Duisburg 1963.
Schmidt, O.: Amberger Bergbau im 16. Jh. In: Oberpfälzer Heimat, Bd. 11/1965.
Schramm, J.: Geschmiedetes Eisen. Berlin 1942.
Schramm, J.: Über das Kunstschmiedehandwerk. 1937.
Sprandel, Rolf: Das Eisengewerbe im Mittelalter. Stuttgart 1968.

Steirische Schmiedekunst in der Sammlung des Joanneums. Katalog der Sonderausstellung 1971. Graz 1971.
Stodt, A. und Duesing, Fr. W.: Freiformschmieden Teil 1 und 2. 1950, 1954.
F. Stuttmann: Deutsche Schmiedekunst. 4 Bde. 1926–30.
Sydow, Jürgen: Aus der Geschichte des Regensburger Schlosserhandwerks. In: Mittelbayerische Zeitung. Regensburg 1958.
Tandern, Oskar: Das Handwerk der Schlosser in Regensburg im Mittelalter. In: Der bayerische Schlossermeister und Maschinenbauer, 1/1927, 5/1931.
Verster, A. J. G.: Schönes Schmiedeeisen. Hannover 1964.
Vocke, Helmut: Geschichte der Handwerksberufe. Waldshut 1960.
Walderdorff, Hugo Graf v.: Regensburg in seiner Vergangenheit und Gegenwart. Regensburg 1896.
Wedel, Ernst v.: Die geschichtliche Entwicklung des Umformens in Gesenken. Düsseldorf 1960.
Weigel, Christoph: Abbildungen der Gemein-Nützlichen Hauptstände. Regensburg 1698.
Wernet, Wilhelm: Kurzgefaßte Geschichte des Handwerks in Deutschland. 1963.
Wilsdorf, Helmut und Quellmalz, Werner: Bergwerke und Hüttenanlagen der Agricola-Zeit. Berlin 1971.

Danken möchte ich allen, die zum Gelingen dieses Buches beigetragen haben: den einzelnen Pfarrherren, die freundlicherweise die Erlaubnis zum Fotografieren in ihren Kirchen gaben; den Leitern der verschiedenen Museen, besonders Herrn Dr. Wolfgang Pfeiffer vom Museum der Stadt Regensburg und Herrn Hans Binder vom Heimatmuseum Sulzbach-Rosenberg.
Zu danken habe ich auch Herrn Dr. Helmut Wolf, Regensburg, für die Durchsicht der Kapitel »Eisen in der Oberpfalz« und »Oberpfälzer Hammerwesen«; Herrn Andreas Schwemmer, Schmiedemeister in Fürnried, für so manchen Hinweis und die Möglichkeit, mich in seiner Werkstatt auch mit der Praxis des Schmiedens etwas vertraut zu machen; Frau Maria Kreutz für ihren bewährten Beistand in Rat und Tat.

Abbildungen

Romanischer Beschlag an der Eingangstüre
der Kirche in Pfaffenhofen/Kastl

73

◁ Detail des Beschlägs
am inneren Hauptportal
von Niedermünster
in Regensburg,
2. Hälfte 12. Jh.

Gotisches Beschläg
an der Sakristeitüre
der Wallfahrtskirche
Steinbühl/Kötzting

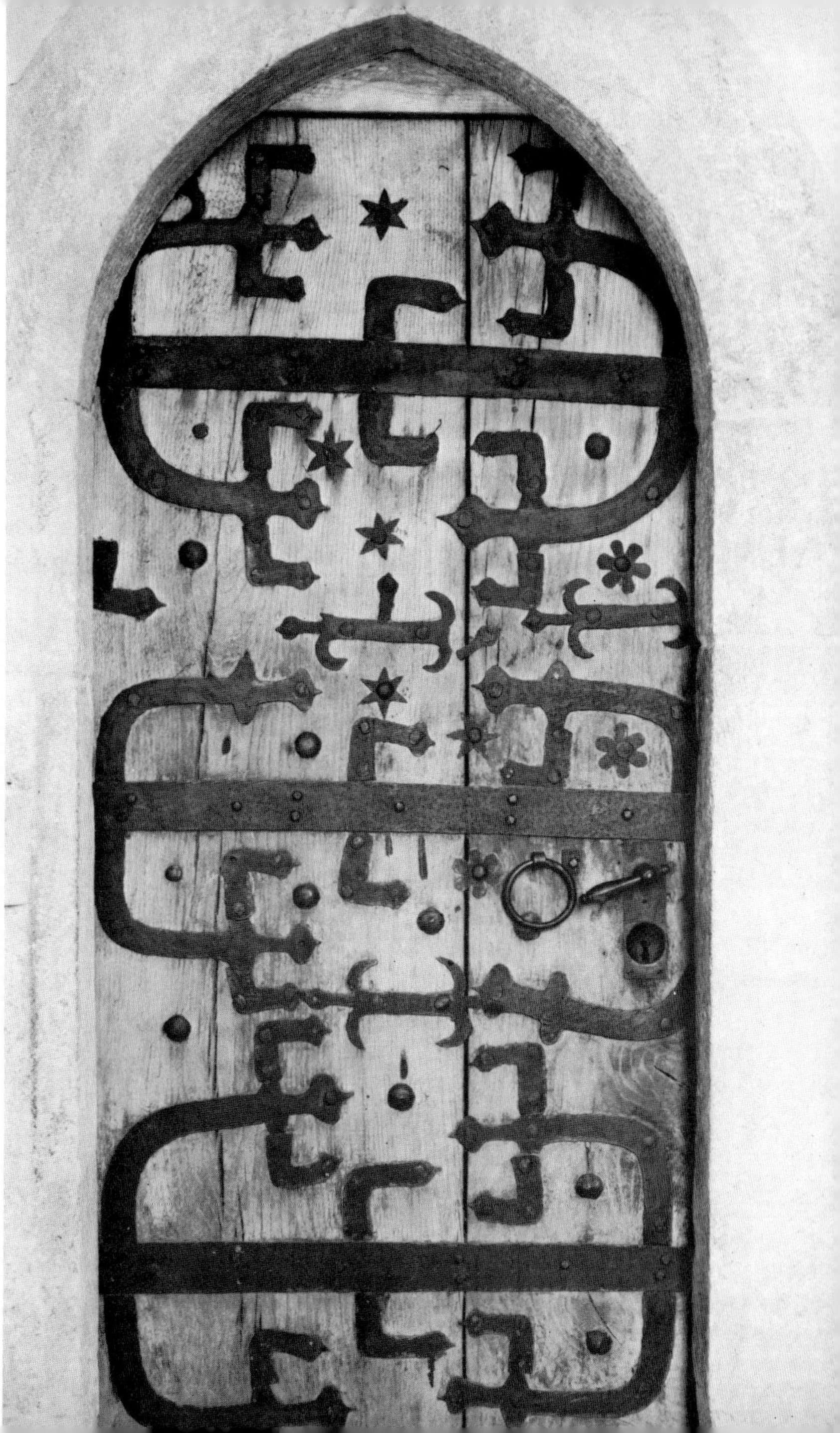

]Beschläg der Sakristeitüre
in der Pfarrkirche
von Sulzbach-Rosenberg, 15. Jh.

Zuggriff mit Darstellung
des hl. Wolfgang
an der Sakristeitüre,
Wallfahrtskirche
St. Wolfgang/Velburg, 15. Jh.

Gotische Sakristeitüre
in der Kirche von
Dengling/Regensburg

Offenes Schloß ▷
an der Eingangstüre
von Ruine Lupburg,
16./17. Jh.

◁ Gotisches Schlüsselblech
an der Sakristeitüre
der Pfarrkirche Hemau

Türe des 16. Jh.s
zum ehem. Verließ
im Rathaus von Cham

Türe der Zeit um 1680 ▷
in der ehem. Abtei Waldsassen

▽ Schloß der Zeit um 1684,
Wallfahrtskirche Kappl/Waldsassen

83

84

Schloß an der Eingangstüre der Pfarrkirche in Berching, 1756

Türgriff mit Jonas
und dem Wal, um 1725,
Eingangstüre der ehem. Pfarrkirche
Dechbetten/Regensburg

Türklopfer am Hauptportal
der ehem. Klosterkirche Waldsassen,
um 1700

Türgriff am Nordportal ▷
der Pfarrkirche von Schlicht, 18. Jh.

Türklopfer am Hauptportal
der Klosterkirche Speinshart, um 1700

89

◁ Türknopf am Eingangsportal der Wallfahrtskirche in Mariaort/Regensburg, 18. Jh.

Schlüsselblech an der Sakristeitüre der Wallfahrtskirche in Aufhausen/Regensburg, 18. Jh.

Vorhängeschloß, 17. Jh. (?),
Heimatmuseum Sulzbach-Rosenberg

Schlüssel des 18. Jh.s,
Heimatmuseum Sulzbach-Rosenberg

Opferstock mit Beschläg
und Vorhängeschlössern,
17./18. Jh.,
Wallfahrtskirche auf dem
Annaberg/Sulzbach-Rosenberg

Sammelbüchse aus Regensburg, 15./16. Jh.;
Museum der Stadt Regensburg

Schloßblech einer spätgotischen Truhe (um 1500)
aus Schloß Fronberg/Schwandorf;
Museum der Stadt Regensburg

Eisenkassette aus Regensburg, 17. Jh.;
Museum der Stadt Regensburg

Hostieneisen von 1533 mit Lamm Gottes
und Regensburger Bischofswappen;
Museum der Stadt Regensburg

Opferstock mit Gnadenbild
aus der Wallfahrtskirche Weißenregen/
Kötzting, 18. Jh.

◁ Schmiedeeisenkreuze auf dem Friedhof von Habsberg

Typisches Oberpfälzer Blechschnitt-Feldkreuz, Karhof/Neumarkt

Küchengerät
(Schlachtspieß, Schmarrnschäuferl, Küchlwender),
19. Jh.; Privatbesitz

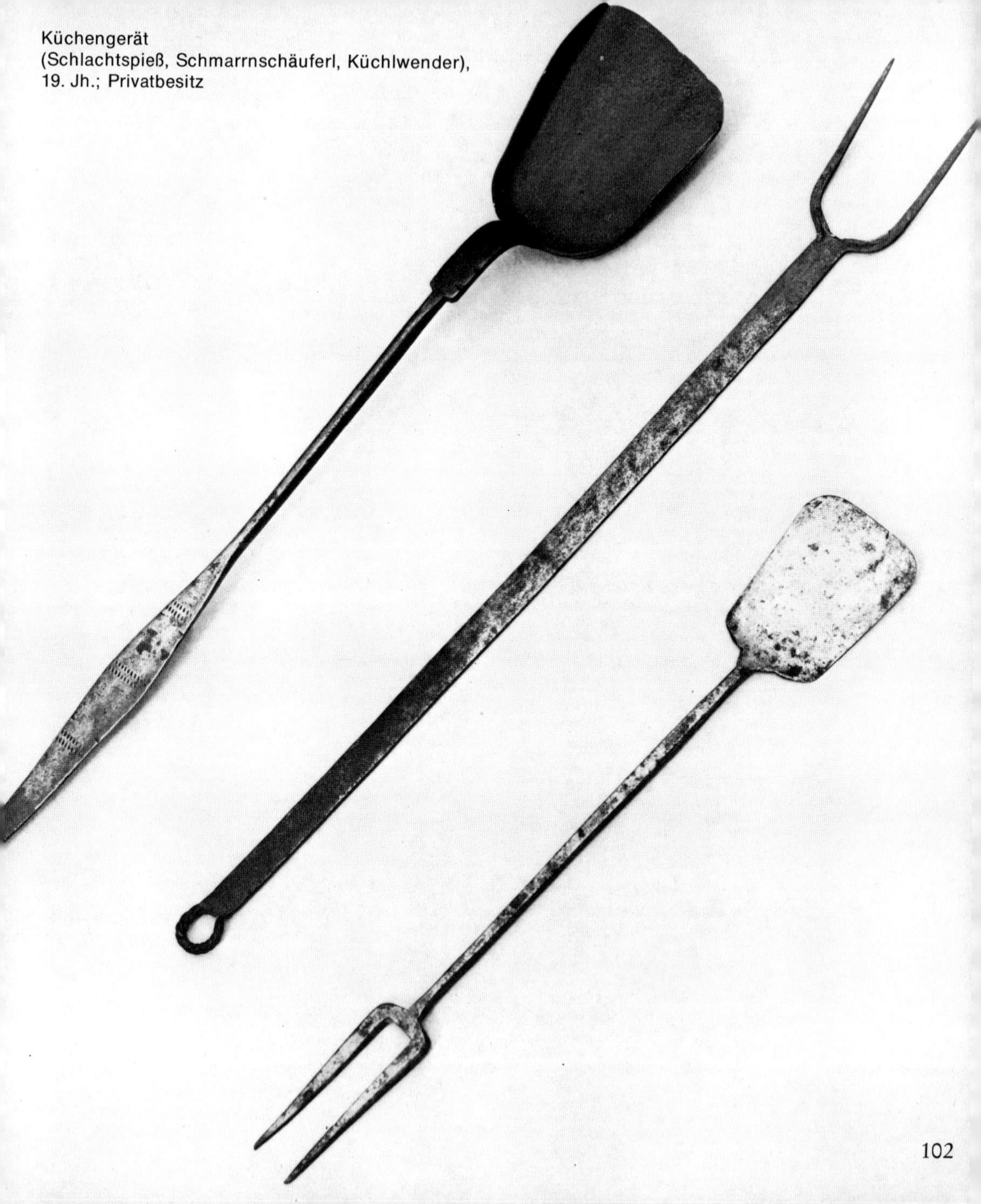

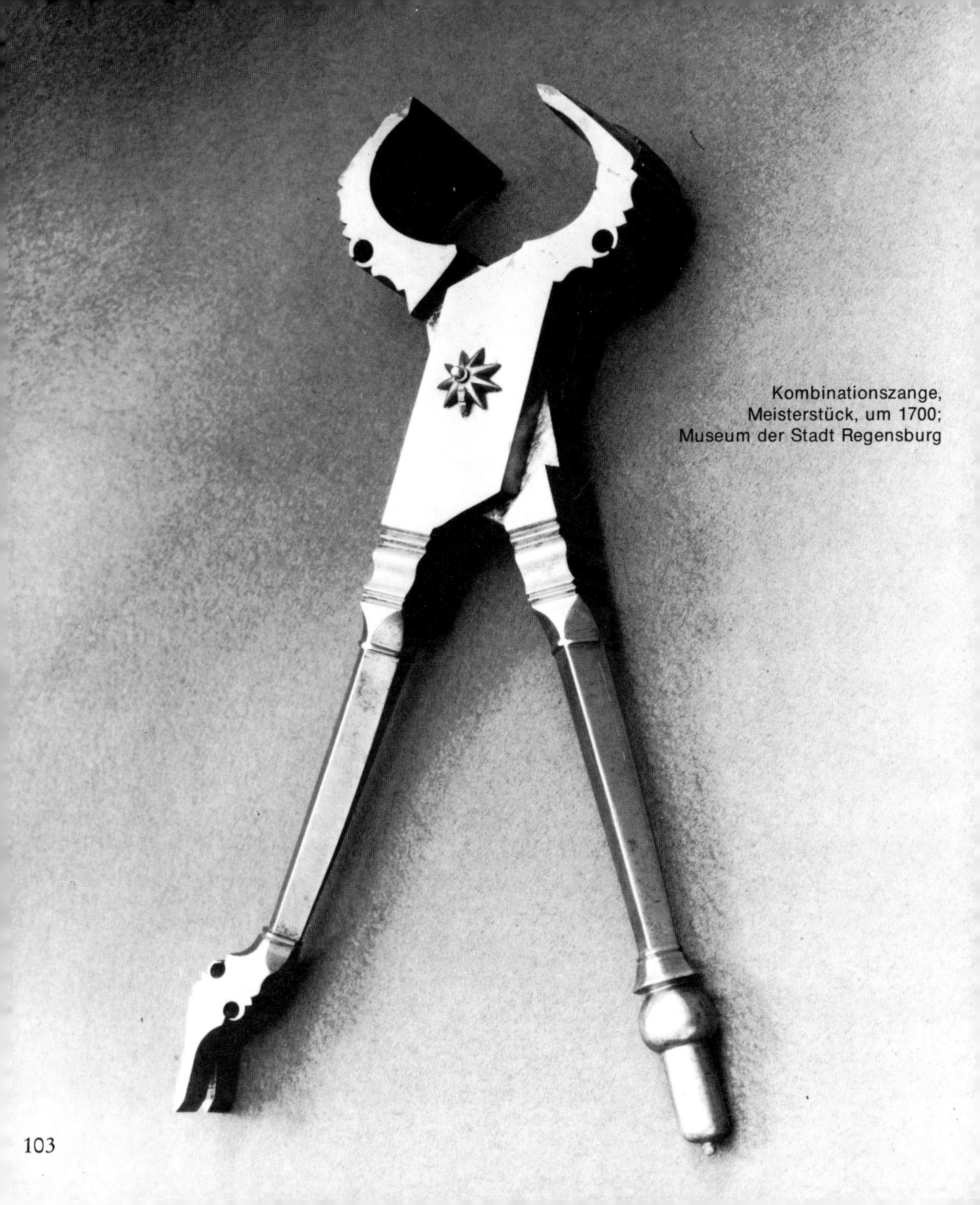

Kombinationszange,
Meisterstück, um 1700;
Museum der Stadt Regensburg

Kienspanhalter, 18. Jh. (?);
Museum der Stadt Regensburg

Bergmannslampe
vom Amberger Erzberg, 19. Jh.;
Privatbesitz

Bergmannslampe, 19. Jh. (?);
Heimatmuseum Sulzbach-Rosenberg

Barocker Apostelleuchter,
Pfarrkirche Leonberg/Tirschenreuth

108

Ausleger an der jetzigen Brauerei Bruckmayer (Zunftschild der Wagner und Schmiede) in Schwarzhofen/Neunburg v. W.

Ausleger am Gasthof »Zum Walfisch«, 1790; Regensburg

110

◁ Türchen an der Sakramentsnische in der Pfarrkirche Burgweinting/Regensburg, 2. Hälfte 15. Jh.

Einfaches Fenstergitter an der Friedhofskirche in Schönach/Donau

◁ Eingangstor zum ehem. Friedhof St. Lazarus, nach 1641; Stadtpark Regensburg

▽ Justitiabrunnen am Haidplatz, Regensburg; Gitter von 1592

Gitter an der Veitskapelle, 1695,
Stiftskirche U. L. Frau zur
Alten Kapelle, Regensburg

◁ Fenstergitter der ehem. Prälatur
Walderbach, 2. Hälfte 17. Jh.

Ganggitter im 1. Stock ▷
der ehem. Abtei Waldsassen;
wahrscheinlich von Friedrich
Hexemann, um 1700

Gittertüre des 18. Jh.s im
romanischen Portal der
Klosterkirche Plankstetten

Mittelteil des Abschlußgitters ▷
in St. Emmeram, Regensburg;
1737 von David Nordmann

Gitter am Oratorium im Chor der Pfarrkirche
Arnschwang/Cham, um 1730

Detail vom Gitter der ehem. Gruftkapelle in der Schloßkirche von Köfering/Regensburg, um 1718

Wichtigster Bestand schmiedeeiserner Handwerkskunst in der Oberpfalz

Bei dieser Zusammenstellung kann es sich naturgemäß nur um den ersten Versuch einer Bestandsaufnahme handeln. Die Autorin ist für ergänzende Angaben jederzeit dankbar.

Altenstadt/Vohenstrauß
überarbeitetes Wirtshausschild am Gasthaus »Schloßwirt«, Anf. 18. Jh.

Amberg
Rathaus: Fenstergitter; Oberlichtgitter am Hofeingang; Schloß und Bänder an der Türe des kleinen Rathaussaales, 1573 – ehem. Regierungskanzlei: Oberlichtgitter am Hauptportal und am Hoftor; z. T. Fenstergitter – ehem. Zeughaus: Gittertor zum Innenhof – Oberlichtgitter am Gartenportal Haus Löffelgasse 8, an den Häusern Herrengasse 10 und Rathausstraße 4 – Türklopfer am Haus Unteres Apothekergäßchen 5, 1551 – ehem. Schloß, neuer Trakt: Fenstergitter, Oberlichtgitter, Treppengeländer, 19. Jh. – Willmannschule, Zeughausstraße 1: Gitter von 1899 – St. Martin: Abschlußgitter, um 1730, z. T. ergänzt; 2 Opferstöcke mit Beschlägen und Schlössern – Schulkirche: Portal, Beschläg um 1740; Oberlichtgitter, 2. H. 18. Jh.; Abschlußgitter aus 2 Perioden, Mittelteil 1699 von Joh. Franz Eberhard (Z. S. 2, 58), seitl. Ergänzungen um 1758; Gitter an den Oratorien im Chor – Schmiedeeisenkreuze im Stadtmuseum, auf dem Dreifaltigkeits- u. dem Katharinenfriedhof

Arnschwang/Cham
Pfarrkirche: Gitter mit Wappen der Grafen v. Kreuth am Oratorium im Chor, um 1730 (Abb. S. 118); Klingelzug

Auburg/Regensburg
eisenbeschlagene gotische Eingangstüre an der Kirche

Auerbach
Ausleger vom ehem. Gasthaus »Schwarzer Adler«, 1781 (jetzt Einfahrt Raiffeisenbank) (Z. S. 48) – Ausleger am Gasthaus »Zum Schwan« (Z. S. 52)

Aufhausen
Wallfahrtskirche: Oberlichtgitter und Schloß mit getriebener Deckplatte am Westportal; Abschlußgitter (jetzt z. T. auf der Empore) (Z. S. 57); Gitter vor der nordwestl. Kapelle (Z. S. 58); Schlüsselblech an der Sakristeitüre (Abb. S. 91)

Atzmannsricht
Wetterfahne mit Jäger (Blechschnitt) (Z. S. 1) auf einer Scheune

Batzhausen
Friedhof: einige gute Kreuze (Z. S. 65)

Beidl/Tirschenreuth
Kirche: Apostelleuchter (Z. S. 47) – Friedhof: Gitter vor der Ölbergkapelle; besonders schön gearbeitetes Kreuz, 1730 (Z. S. 64)

Beratzhausen
Pfarrkirche: eisenbeschlagener Opferstock – Ausleger am Haus Nr. 83 vom ehem. Gasthof »Goldenes Kreuz«, 1730 (Z. S. 48) – 2 Ausleger am Gasthof »Drei Tannen«: Zunftschild der Wagner und Schmiede (Z. S. 24) und Zunftschild der Müller

Berching
Fenstergitter am Pettenkofer-Haus (jetzt Rathaus), um 1650 – mehrere Ausleger: »Zur Traube« (Z. S. 50), »Zum Goldenen Kreuz«, »Krone«, »Bärenbrauerei« (modernisiert), »Zum Engel«, Zunftschild der Schlosser – Gittertor (19. Jh.) an der Hofeinfahrt Bahnhofstraße 2 – Türklopfer am ehem. Spital – Pfarrkirche: Türschloß von 1756 am Nordportal (Abb. S. 85); Opferstock – Kirche St. Laurentius: Gitter am Turmumgang – ehem. Friedhof bei St. Laurentius: sog. Schmiedekreuzgarten mit 12 Kreuzen

Breitenbrunn/Parsberg
Wallfahrtskirche St. Sebastian: Eingangstüre mit Hufeisen, einfachen Bändern und Türgriff der Spätgotik; einfache Apostelleuchter; 2 eisenbeschlagene Opferstöcke, 17. Jh.; Halterungen für Votivkerzen, 18. Jh. – Friedhof: über 20 Kreuze

Burglengenfeld
Oberpfälzer Volkskundemuseum: Hufschmiedewerkstatt und Wagnerei; Werkzeuge

Burgweinting/Regensburg
Kirche: Gittertürchen an der Sakramentsnische, 2. H. 15. Jh. (Abb. S. 110)

Cham
Rathaus: eiserne Türe zum ehem. Verließ, 16. Jh. (jetzt am Rathaussaal) (Abb. S. 81, Z. S. 44); eiserne Truhe – Pfarrkirche: Gitter am Turmumgang; Apostelleuchter – Friedhof: mehrere Kreuze

Chammünster
Hahn auf dem Turm der ehem. Klosterkirche – zahlreiche besonders gut renovierte Kreuze an der Südseite der Kirche und im Kircheninneren (Z. S. 65, 66)

Deining
ehem. Schloß: Gitter am Gartentor

Dengling/Regensburg
Kirche: eiserne Türe zur Sakristei (Abb. S. 78); Gittertürchen an der Sakramentsnische, 15. Jh.

Dietkirchen/Neumarkt
Kirche: Beschläg am Westportal; Schloß an der Sakristeitüre; Wandarm für Ewiglicht, 2 Kerzenhalter – Friedhof: einer der schönsten Friedhöfe mit Schmiedeeisenkreuzen in der Oberpfalz; von den z. Z. etwa 170 Kreuzen aus dem 17.–19. Jh. etwa $^{2}/_{3}$ Oberpfälzer Arbeiten (Z. S. 65), die übrigen v. a. aus Oberbayern, Österreich und Südtirol

Ebermannsdorf/Amberg
Schloßkapelle: Abschlußgitter, Mittelteil mit gemaltem Wappen

Edelsfeld/Sulzbach-Rosenberg
Blechschnitt-Hahn auf dem Kirchturm

Ehenfeld/Sulzbach-Rosenberg
Giebelkreuz auf Wegkapelle (Z. S. 19)

Eichelberg
Wallfahrtskirche: Beschläg der beiden Emporentüren; Bänder und Schloß an der Außentüre der Gnadenkapelle

Eltheim/Donau
Gitterzäune des 19. Jh.s an einigen Gehöften, bei 4 Höfen Türen und Tor der Hofeinfahrt reicher gestaltet (Z. S. 55)

Ensdorf
ehem. Kloster: Fenstergitter (Z. S. 55)

Eschenfelden/Sulzbach-Rosenberg
Kirche: Gittertürchen am Sakramentshaus

Fahrenberg
Wallfahrtskirche: Oberlichtgitter am Westportal

Falkenberg
Ausleger »Zum Roten Ochs« am Gasthof Prockl

Fockenfeld
ehem. Kloster: renovierungsbedürftige Fenstergitter am alten Klosterbau; Treppengitter des Rokoko durch wenig gutes neues Gitter ersetzt

Frauenzell
ehem. Klosterkirche: Türbänder (Abb. S. 84) und Schloß am Westportal und an der Türe zur Orgelempore, um 1750; romanische Beschläge an der Türe zum Turm; Gitter in Dornarbeit vor »Christus in der Rast«

Frenghofen/Donau
Kirche: spätgotische, eisenbeschlagene Eingangstüre

Freystadt
Ausleger am ehem. Gasthaus »Zur Traube«, Mitte 18. Jh. (Z. S. 12, 49), renovierungsbedürftig – Oberlichtgitter am Eingang zur Apotheke – Wallfahrtskirche: Abschlußgitter von dem Freystädter Schlosser Joh. Konrad Kölbich, 1725 (Z. S. 56, 61)

Friesheim/Donau
Gitterzäune (ähnl. Eltheim) an 2 Anwesen – Kirche: gotische Beschläge an der Sakristeitüre; Gittertürchen an der Sakramentsnische, 1. H. 15. Jh.

Fuchsmühl/Tirschenreuth
Wallfahrtskirche: Kapellengitter, um 1726

Fuhrn/Neunburg v. W.
Friedhof: Kreuz mit Totenkrone, Sterbestundenuhr, Wirbelrad und Blechschnittfiguren, 18. Jh.

Fürnried/Sulzbach-Rosenberg
Pfarrkirche: Hahn auf dem Turm, 1882 – Friedhof: 2 Kreuze (gut restauriertes Kreuz des Bandlwerkstils) – Pfarrhof: Türklopfer, 18. Jh.

Geisling/Regensburg
Gitterzaun (ähnl. Eltheim) an einem Anwesen

Griesstetten/Dietfurt
Wallfahrtskirche: Leuchterarm des Hirtenvereins, 1698

Habsberg
Friedhof: schön gestaltete Anlage im Wald unterhalb der Wallfahrtskirche, nur Schmiedeeisenkreuze, fast ausschließlich Oberpfälzer Arbeiten (Abb. S. 100)

Heilbrünnl/Roding
Wallfahrtskirche: einfache Fenstergitter (Z. S. 54)

Hemau
Ausleger: Zunftzeichen der Wagner und Schmiede in der Kirchengasse (Z. S. 24) – Pfarrkirche: Sakristeitüre mit spätgotischem Beschläg (Abb. S. 80; Z. S. 42)

Hetzenbach/Roding
Wallfahrtskirche: Schloß und Bänder an der Innentüre der Sakristei, Bänder an der Außentüre; einzige Leonhardiwallfahrt der Oberpfalz, bei der noch eiserne Votivtiere (Z. S. 63) geopfert werden

Hillstett
Oberpfälzer Handwerksmuseum: wiederaufgebaut der Seebarnhammer

Hirschau
Ausleger am Gasthaus »Zum Hirschen«, um 1730 – Marienkapelle: Gitter von 1755; Blechschnittkreuz auf dem Dach

Hirschwald/Amberg
Ausleger am Gasthaus »Zum Hirschen«, um 1720 (Z. S. 53)

Hörmannsdorf/Parsberg
Friedhof: mehrere gute Kreuze (z. T. neu)

Hörwalting/Cham
Blechschnitt-Gockel auf einer Scheune (Z. S. 63)

Hohenburg
Oberlichtgitter am Rathausportal, 18. Jh. (Z. S. 55) – 2 Ausleger am Gasthof »Zum Schwan«, 2. Ausleger mit Bannerschild, Zunftzeichen, (Z. S. 49); – Pfarrkirche: Barockschloß und Bänder an der hinteren Nordtüre – Friedhof: einige gute Kreuze – Feldkreuz an der Straße nach Stettkirchen

Hohenfels
Ausleger (renovierungsbedürftig) am Haus Sterzenbach 33 mit Blechschnitt-Schild und am Gasthof Niebler (ohne Schild)

Holzhammer
Ausleger am Gasthaus »Zur Sonne«

Kallmünz
klassizistischer Ausleger am Gasthof »Postbräu« – Gitter an der Kapelle bei der Kirche – Friedhof: größere Zahl guter Kreuze

Kappel/Waldsassen
Wallfahrtskirche: Beschläg der Türen, besonders qualitätvoll am Haupteingang, um 1684 (Abb. S. 82)

Katzdorf
Wallfahrtskirche: Beschläg der Kirchentüre, um 1725 (Z. S. 43); Opferstock mit Beschlägen und Vorhängeschlössern

Kemnath
Pfarrkirche: Gitter vor Christus an der Geißelsäule – Ausleger am Gasthof zur »Goldenen Krone« und am »Weißen Roß« (Z. S. 53), Stadtplatz 24–26

Kemnathen/Parsberg
Kirche: Gittertürchen an der Sakramentsnische – Kreuz an der Straße B 8 – Dietfurt

Kevenhüll
Friedhof: mehrere gute Kreuze – Kreuz an einem Parkplatz der Straße nach Mallerstetten

Klapfenberg/Parsberg
Kirche: Gittertürchen an der Sakramentsnische

Köfering/Regensburg
ehem. Schloßkapelle: Gitter vor dem Kircheneingang mit reichem Oberlicht (Z. S. 57); Gitter an der Gruftkapelle, um 1718 (Abb. S. 120, Z. S. 56)

Kötzting
Rathaus: Eichenholztruhe mit Beschlägen, 17. Jh. – Ausleger am ehem. Gasthaus »Zur Klosterschmiede«, 2. H. 18. Jh., nicht vollständig, stammt aus Wiesentheid/Ufr.

Laaber/Neumarkt
Friedhof, mehrere gute Kreuze (z. T. neu); moderne Gittertüre

Lanzenried
Wegkreuz an der Straße Pettenhof – Lanzenried

Lauterhofen
Ausleger am Gasthaus »Zur Krone«, 1858

Leonberg/Tirschenreuth
Kirche: insgesamt 8 Apostelleuchter in 3 verschiedenen Ausführungen (Abb. S. 107) – Friedhof: gutes Kreuz

Lintach
ehem. Schloß: Gittertüre am Eingang; Gitter der Innentüre – Kirche: Türknopf und Griff an der Eingangstüre – Friedhof: einige besonders gut gearbeitete Kreuze (Z. S. 65)

Luhe
Ausleger am Gasthaus »Weißes Rößl«

Lupburg
Ruine: Schloß an der Eingangstüre (Abb. S. 79)

Mariaort/Regensburg
Wallfahrtskirche: Beschläge (Abb. S. 90) und Schloß (1776) an der Eingangstüre – Kalvarienbergkirche: Gitter an der Treppenschräge, 1. H. 18. Jh.

Martinsneukirchen/Falkenstein
2 Giebelkreuze (Z. S. 19)

Michelfeld
ehem. Klosterkirche: Fenstergitter (Z. S. 54); Abschlußgitter (um 1710? Titelbild); Beschläg an den Türen seitlich vom Hochaltar

Mintraching/Regensburg
Pfarrkirche: Blechschnittkreuz im Läuthaus (Wallfahrtslegende Walldürn)

Mitterhof/Waldsassen
Kapelle: Gitter vor dem Altarraum, 1688

Nabburg
Friedhof: mehrere gute Kreuze

Neukirchen b. Hl. Blut
Wallfahrtskirche: Eisentüre von 1779 (erneuert) im Westportal, darüber Madonna (Blechschnitt); Beschläge (Z. S. 43) und Schloß am Nordportal, bez. IF 1720; Türgriff an der Emporentüre; Schloß an der Sakristeitüre; Votivtiere (Z. S. 63); Gitter am Sakristeifenster – am Weg zur Kirche eine Reihe restaurierter, z. T. farbig gefaßter Kreuze

Neukirchen/Schwandorf
Kirche: got. Beschläg (Z. S. 44) an der Sakristeitüre

Neumarkt
Pfarrhof: Oberlichtgitter – Heimatmuseum: Ausleger des Schlossermeisters Chr. Frauenschlager, Neumarkt, um 1900; Zunftzeichen der Zimmerleute, 1853; Schlüssel und Schlösser; Bänder; Hufeisen; Werkzeug

Neustadt a. d. WN
ehem. Schloß: rechteckige Fensterkörbe an den Fenstern des Erdgeschoßes, um 1720 – Friedhof: einige gute Kreuze (Z. S. 65)

Neustadt a. Kulm
mehrere Ausleger: am Gasthof Künneth (altes Blechschnittbild, Z. S. 52); am Gasthaus »Zur Sonne« (neues Schild); am Haus Nr. 130, ehem. Gasthaus »Zum Stern« (ohne Schild, schlechter Zustand); am Haus Nr. 120 (ohne Schild, schlechter Zustand) – Lothringer Kreuz mit Sonne und Engel auf dem Kirchendach

Oberammerthal/Amberg
Friedhof: mehrere gute Kreuze

Obertraubling/Regensburg
Pfarrkirche: barocke Oberlichtgitter an den drei Portalen

Oberweiling
Kirche: Gitter mit Blechrosen an der Sakramentsnische, 15. Jh.; Blechschnitt-Taufgruppe auf dem Taufstein – Friedhof: mehrere gute Kreuze

Oberwiesenacker
Friedhof: größere Anzahl von guten Kreuzen

Parsberg
2 Ausleger mit Blechschnitt, wenig gepflegt – Friedhof: Reihe guter Kreuze

Perschen
Oberpfälzer Bauernmuseum: Kienspanhalter, verschiedene Dreifüße, Fleischkrone, Werkzeug – Feldkreuz an der Straße nach Pfreimd (Z. S. 62)

Pfaffenhofen/Kastl
Kirche: romanische Beschläge an der Eingangstüre (Abb. S. 73; Z. S. 41)

Pfatter/Regensburg
Kirche: Beschläge am Südportal

Pfreimd
Akanthuskreuz am nördl. Ortsausgang – Friedhof: 2 sehr gute Kreuze

Plankstetten
Klosterkirche: Fenstergitter; Gittertüre, 18. Jh. (Abb. S. 116); Gitter neben dem Eingang zur Sakristei (Z. S. 61); Schloß von 1699 an der Sakristeitüre

Prüfening/Regensburg
ehem. Klosterkirche: Oberlichtgitter an den Fenstern; 2 reich gearbeitete Leuchterarme im Chor; ehem. Chorgitter, um 1700, jetzt im Museum der Stadt Regensburg

Regensburg
Altes Rathaus: Wappenschild im Treppenhaus; Schlösser und Beschläge in den meisten Räumen, u. a. kurfürstl. Zimmer 1551, kurfürstl. Beratungszimmer 1560, Reichssaal 1564; Fensterbeschläge; eisenbeschlagene Türe und Gitterabdeckungen in den Lochgefängnissen; mittelalterliche Salzwaage; Absperrketten; Gittertor und Geländer der sog. Fürstentreppe (1652) im ehem. Fürstenkollegium – Haus Heuport: Schloß und Beschläge an der Hoftüre – Lerchenfelder Hof, Untere Bachgasse 12/14: Rautengitter mit Volutenbekrönung von 1622 am Wandbrunnen im Hof – ehem. Palais Löschenkohl, Neupfarrplatz 14: Korbgitter der Altane, um 1730 – Neues Deutsches Haus, Marstallstraße: Türklopfer am Hauptportal, um 1725 – Regierungsgebäude, Emmeramsplatz 9: Gitter der Altane über dem Portal, nach 1804 – Haus Schwarze Bärenstraße 2: Beschläge, Schloßblech am Portal – Haus Wahlenstraße 1: Brüstungsgitter am Balkon, 1805 – ehem. Prüfeninger Herberge, Bismarckplatz 8: Gitter in den Ochsenaugen der Gartenmauer, Balkongitter über dem Eingang, 19. Jh. – Schloß Thurn u. Taxis: Parkgitter, 19. Jh. – Dörnberg-Palais: Parkgitter mit 2 Toren, nach 1830 – Adlerbrunnen am Kräutermarkt: Gitter von Schmiedemeister Auggentaler, 1592, 1901 von J. Kaiser, 1976 von A. Peithner renov. – Justitiabrunnen am Haidplatz: Gitter von 1592, 1910 er-

neuert (Abb. S. 113) – Brunnen am Fischmarkt: Gitter, frühes 17. Jh. – Gitter des Brunnens am Neupfarrplatz – Ausleger: »Zum Blauen Hecht«, Keplerstraße (Z. S. 53); »Zur Blauen Lilie«, Blaue Liliengasse 4 (durch moderne Leuchtreklame beeinträchtigt), 18. Jh.; »Zur BlauenTraube«, Steinweg 11, 19. Jh.; »Zum Goldenen Posthorn«, Goldene-Bärenstraße 10, 1713 (Z. S. 50); »Zum Walfisch«, Unter den Schwibbögen 21, 1790 (Abb. S. 108) – Museum der Stadt Regensburg: Treppenhaus: 3 Gitter von Grabdenkmälern im ehem. Friedhof St. Lazarus, spätes 17.-Anf. 18. Jh.; Chorgitter aus Prüfening, um 1700; 2 Ausleger; Raum 46: Eisentüre aus dem ehem. Salzburger Hof, 16. Jh.; Raum 51: Wachsstock- u. Kerzenhalter, 17.–19. Jh. (Z. S. 46); Raum 79: Kienspanhalter und Talglichter, 16. Jh. (Abb. S. 104), Werkzeug 15.–19. Jh. (Abb. S. 103), darunter Zimmermannsbeile und Hacken aus Oberpfälzer Hammerwerken, 15.–19. Jh. (Z. S. 39), Vorhangschlösser 17.–18. Jh., Kassetten 16. Jh. (Abb. S. 96, 97), Schlüssel 15.–18. Jh. (Z. S. 45), Opferstöcke 16. u. 17. Jh., Wasserspeier, 17. Jh.; Raum 80: Kasten- u. Türschlösser 15.–18. Jh., Türklopfer 15.–17. Jh., Türbänder 17.–18. Jh., Waffel- u. Hostieneisen 15.–18. Jh. (Abb. S. 98); Gitter 18. Jh.

Dom: Gitter am Umgang beim Domkapitelhaus; Beschläge und Schlösser an verschiedenen Türen (z. T. neugotisch!); Rautengitter am Sakramentshaus, 1493; Geländer und Türchen an der Kanzeltreppe, frühes 18. Jh. – Domkapitelhaus: Fensterkörbe; eiserne Türe am Durchgang zum Dom; Gitter am Durchgang zum Kreuzgang, um 1690–1700 – Kirche St. Emmeram: Abschlußgitter, Mittelteil 1737 von David Nordmann (Abb. S. 119), Seitenteile 1679 von Lampl (Z. S. 58); Beschläge und Schloß an der südl. Seitentüre; Gitter an den Oratorienaufgängen, um 1730; Gitter am Hochgrab des hl. Wolfgang, nach 1350; Gitter an der Ramwoldskrypta, um 1730 – Rupertuskirche: Rautengitter am Sakramentshaus, Mitte 15. Jh. – Marienkapelle: eisenbeschlagene Eingangstüre mit got. Schlüsselblechen; Antependium des Hauptaltars; Leuchtergitter – ehem. Kloster St. Emmeram: Geländer der Haupttreppe; Beschläge am Portal und Galeriegitter in der Bibliothek, um 1733 – Stiftskirche U. L. Frau zur Alten Kapelle: Oberlichtgitter am äußeren Nordportal; Gitter am inneren Nordportal, 1726; Apostelleuchter; Gitter am Öffnungsbogen der Veitskapelle, 1695, 1944 durch L. Steger wiederhergestellt (Abb. S. 115); Chorgitter um 1693 in der Gnadenkapelle – Niedermünster: Beschläge am Westportal, 2. H. 12. Jh. (Abb. S. 74, Z. S. 42) – Schottenkirche St. Jakob: Beschläge am Nordportal – ehem. Dominikanerkirche: Beschläge am Westportal; ehem. Chorgitter, um 1730, David Nordmann zugeschrieben, jetzt Bayer. Nationalmuseum München – Stiftskirche St. Johann: Schloß und Türknopf am Westportal – Dreieinigkeitskirche: Fenstergitter um 1630; im Kirchhof: Gitter am Grabmal für Anna Friderica de Wangenheim, 1740 – ehem. Stiftsgebäude Obermünster: Oberlichtgitter der Portale und Fenstergitter Gartenseite, 1793; Geländer der Haupttreppe, um 1790 – ehe. Friedhof St. Lazarus: ursprüngl. Eingangstor, nach 1641 (Abb. S. 112) – Unterer Friedhof: mehrere gute Kreuze, 17.–19. Jh. – Kirche in Dechbetten: Westportal, Schloß und Türgriff mit Jonasdarstellung, um 1725 (Abb. S. 86); Apostelleuchter – Kirche Karthaus-Prüll: Gitter an der Sakristeitüre, um 1605

Reichenbach
ehem. Klosterkirche: Fenstergitter, Schloß am Westportal

Rogging/Regensburg
Kirche: Gitter an der Sakramentsnische, 15. Jh.

Rohr/Neumarkt
Kirche: Beschläge und Schloß an der Sakristeitüre, Ende 15. Jh.

St. Wolfgang/Velburg
Wallfahrtskirche: Beschläge (Z. S. 42) der Sakristeitüre mit besonders schönem Zugring, Ende 15. Jh. (Abb. S. 77)

Scheuer/Regensburg
Wallfahrtskirche: Abdeckgitter in der Decke des Langhauses

Schlicht:
Pfarrkirche: Beschläge des Nordportals (Abb. S. 89); Glockenzug

Schmidmühlen
Ausleger am Gasthaus »Zum Goldenen Anker«, um 1840, von dem Schmidmühlener Schlosser Böhm (Z. S. 51) – Friedhof: 2 Kreuze

Schönach
Friedhofskirche: Fenstergitter, einfach, aber gut gearbeitet (Abb. S. 111) – Friedhof: einige Kreuze

Schwarzhofen/Neunburg v. W.
3 Ausleger an der Brauerei Bruckmayer: Zunftschild der Wagner und Schmiede (Abb. S. 109, Z. S. 49); Ausleger ohne Schild; Ausleger mit Blechschnittschild (Hirsch), 1836

Seebarn
Kirche St. Leonhard: gutes Kreuz; Votivtiere jetzt im Bayer. Nationalmuseum München

Sinzing/Regensburg
Pfarrkirche: Türklopfer am Südportal, um 1700

Speinshart
Klosterkirche: Fenstergitter; Beschläge und Schlösser an den Eingangstüren; besonders schöner Türklopfer am Haupteingang (Abb. S. 88); Abschlußgitter 17. Jh. (Z. S. 57, 58); Apostelleuchter (Z. S. 47)

Steinbühl/Kötzting
Wallfahrtskirche: Eingangs- u. Sakristeitüre (Abb. S. 75) mit gotischem Beschläg (Z. S. 44) und zahlreichen Hufeisen

Sulzbach-Rosenberg
Rathaus: Beschläge an der rückwärtigen Eingangstüre; Schlösser an den Türen des kl. Rathaussaales, 1720 – Wirtshausschild »Zur Krone« an der jetzigen Rathausapotheke, 19. Jh. – Heimatmuseum: Schlösser, Schlüssel (Abb. S. 92/93), Schlüsselbleche (Z. S. 44), Bänder, Truhen und Kassetten, Bergmannslampen (Abb. S. 106), Schmiedeeisenkreuze, Sonnenuhr, Werkzeug, Dreifuß (Z. S. 39), Feuerböcke mit Bratspießen (Z. S. 39), Fuhrmannsbesteck, Zunftzeichen der Spengler (Z. S. 49) – Pfarrkirche: Beschläg der Sakristeitüre, 15. Jh. (Abb. S. 76); Opferstock – Wallfahrtskirche St. Anna: Chorgitter, um 1730 von Hans Wotschak (Z. S. 61); Opferstock (Abb. S. 94)

Theisseil/Neustadt WN
Feldkreuz (hohe Granitsäule mit zierlichem Kreuz) von 1764 am Ortsausgang Richtung Neustadt

Theuern
Bergbau- u. Industriemuseum (im Aufbau): aufgebaut werden holzkohlebefeuerte Schmelz-, Schacht- u. Floßöfen; der aus der Auerbacher Gegend stammende Staubershammer wird wieder errichtet

Tirschenreuth
Pfarrkirche: Gitter vor dem Ölberg, bez. MS 1678

Trautmannshofen
Wallfahrtskirche: Schloß und Beschläge an der nördl. Eingangstüre

Utzenhofen
Friedhof: sehr gutes großes Kreuz

Velburg
Friedhof: mehrere gute Kreuze – Straße nach St. Wolfgang: Flurkreuz

Vilseck
Pfarrkirche: Türgriff am Nordportal

Walderbach
Heimatmuseum: Kienlampe, Werkzeug, Meisterstücke eines Reichenbacher Hufschmieds von 1864 – ehem. Prälatur: Fenstergitter, 2. H. 17. Jh. (Abb. S. 114) – ehem. Klosterkirche: Türgriff; Opferstock

Waldsassen
südl. Wondrebbrücke: Gitter vor der Statue des hl. Johann Nepomuk, 1746 – Stiftlandmuseum: alte Dorfschmiede von 1732 aus Schönhaid, Aufbau mit allen Werkzeugen; Tür- u. Vorhangschlösser; Bänder; Oberlichtgitter aus Waldsassen; Giebelkreuz von einer Waldsassener Klosterscheune; Waagen; Flachsrechen; Dreifuß; Werkzeug; Zunftzeichen der Schneider; Kerzenhalter; sog. Leöhout (Kienhut) – ehem. Abtei: eiserne Doppeltüre im Erdgeschoß, um

1680 (Abb. S. 83, Z. S. 43); Gitter im 1. und 2. Stock, um 1700, von Friedrich Hexemann (?; Abb. S. 117, Z. S. 56, 60); – ehem. Gastbau: Türbeschläge (Z. S. 32) und Griffe – Kloster: Gitter beim Aufgang zur Bibliothek; 2 reiche Fenstergitter über dem Durchgang zur Kirche – ehem. Klosterkirche: Fenstergitter (Z. S. 54); Türklopfer (Abb. S. 87) und Beschläg am Hauptportal; Abschlußgitter von Friedrich Hexemann, um 1700 (Z. S. 60); Apostelleuchter von Friedrich Hexemann, um 1710 (Z. S. 47) – Friedhof: mehrere gute Kreuze

Weiden
Kirche St. Sebastian: Oberlicht des ehem. Abschlußgitters, um 1692

Weißenregen/Kötzting
Wallfahrtskirche: Türbänder; Opferstock mit Gnadenbild in Blechschnitt (Abb. S. 99)

Wiesent/Donau
Kirche: Griff und Klopfer an den Seitentüren des alten Baues – zahlreiche gute Kreuze um die neue Kirche museal aufgestellt (Z. S. 7, 65, 66)

Winbuch/Schmidmühlen
ehem. Schloß: Fensterkörbe

Winklarn
Gitter am Haus Joh. Metzler-Str. 10 von Schlossermeister Bock, Ende 19. od. Anf. 20. Jh.

Wondreb
ehem. Sommersitz der Waldsassener Äbte, jetzt Pfarrhof: Oberlichtgitter mit Abtwappen am Eingangstor; Gitter im Treppenhaus

Wurz/Neustadt WN
Pfarrhof: Fensterkörbe – Friedhof: mehrere Kreuze

Register

(die halbfetten Zahlen beziehen sich auf die Abbildungen)